SAVOIR-VIVRE
AVEC LES FRANÇAIS
Que faire ? Que dire ?

Odile Grand-Clément

HACHETTE
Livre
Français langue étrangère
58, rue Jean-Bleuzen, 92170 VAN\

Nouvelle collection « OUTILS »

- **HISTOIRE DE FRANCE**
  Jean Mathiex

- **LA CORRESPONDANCE FACILE**
  Tous les modèles de lettres
  Jacques Verdol

- **GRAMMAIRE FRANÇAISE**
  Nicole Mc Bride

Et toujours disponibles, dans l'ancienne collection « OUTILS » :

- **ORTHOGRAPHE FRANÇAISE**
  R. Loiseau

- **ÉCRIRE ET CONVAINCRE**
  G. Vigner

- **PARLER ET CONVAINCRE**
  G. Vigner

- **FAÇONS DE PARLER**
  G. Vigner

Couverture : Alain Vambacas
Dessins : Pronto
Composition et maquette : Mosaïque

ISBN : 2-01-1550-742

SOMMAIRE

Avant-propos

*Pour se sentir à l'aise dans un pays étranger, il ne suffit
pas d'en parler la langue. Toute communication avec
des personnes d'une culture différente comporte un ensemble
d'attitudes, de gestes, de marques de politesse qui parfois nous
échappent, souvent nous déconcertent, tant elles peuvent varier
d'un pays à l'autre. Connaître ces règles plus ou moins
codifiées qui constituent le « savoir-vivre » d'un peuple,
est donc tout aussi essentiel que connaître la grammaire
d'une langue pour en comprendre la structure.*

*Cet ouvrage pratique s'adresse à tous ceux qui désirent mieux
appréhender la manière de vivre des Français afin de réagir
de façon appropriée dans les relations sociales : savoir
« que faire, que dire » dans toutes les circonstances de la vie
quotidienne. Il permettra ainsi au lecteur d'éviter des
malentendus et des situations embarrassantes et d'établir
des contacts harmonieux avec les Français dans un respect
mutuel des différences culturelles.*

L'auteur.

SALUTATIONS ET PRÉSENTATIONS

1 *Vous croisez une personne dans la rue ou dans un couloir*

Que faire ? Que dire ?

À ne pas dire,
... évidemment !

▶ **Vous ne vous arrêtez pas,
mais vous saluez simplement cette personne :**

• Un simple « *Bonjour !* » peut être suffisant, mais si c'est un adulte mieux vaut dire « *Bonjour madame !* » ou « *Bonjour monsieur !* ».
À un docteur ou à un dentiste, il faudra dire : « *Bonjour docteur !* », à un avocat ou à un notaire : « *Bonjour maître !* ».

Dans toutes ces situations un monsieur poli soulèvera son chapeau... s'il en a un !

> **Conseils**
>
> Ne dites surtout pas « *Bonjour madame Dumont !* ». Seuls les commerçants ont cette (fâcheuse) habitude d'appeler leurs clients par leur nom pour leur montrer qu'ils les connaissent bien.
>
> Dans les magasins à la campagne, certains clients entrent en lançant un « *Bonjour messieurs dames !* » Cette habitude, somme toute très sympathique, est beaucoup plus rare dans les villes.

• À un ami, on peut dire plus familièrement « *Salut !* » ; à un groupe d'amis « *Bonjour tout le monde !* ».
• En fin d'après-midi, le « *Bonjour !* » se transforme en « *Bonsoir !* ».
On ne dit « *Bonne nuit !* » qu'avant d'aller se coucher.

▶ **Vous vous arrêtez pour parler quelques instants :**

• Serrer la main ?
Votre « *Bonjour* » s'accompagne normalement d'un serrement de mains.

Qui tend généralement la main le premier ? La personne la plus âgée à la plus jeune, le supérieur au subalterne… et la femme à l'homme (ce qui laisse penser que la femme dans ce cas a la position dominante !).

Conseil

Si vous avez des gants, retirez le gant de la main droite (celle qui serre la main de l'autre personne). Ne serrez la main ni d'une manière trop molle, ni d'une manière trop énergique.
Il faut trouver le juste milieu.

✔ Cette nécessité de serrer la main est si ancrée dans les habitudes des Français que si une personne a les mains mouillées, par exemple, ou si elle s'est blessée à la main, elle va s'excuser : *« Je ne vous serre pas la main parce que… »* ou, encore mieux, tendre parfois son poignet, son avant-bras ou son coude… dans les cas extrêmes !

Conseil

On ne serre pas la main à un commerçant, à un chauffeur de taxi, à une ouvreuse dans un cinéma ou à un garçon de café… à moins qu'on ne les connaisse personnellement.

Immédiatement après les salutations, on demande généralement des nouvelles de la santé :
« Comment allez-vous ? » ou plus familièrement
« Comment ça va ? ».

• Embrasser ?

Si on rencontre un(e) ami(e), on l'embrasse sur les deux joues. C'est d'ailleurs plus un bref *« joue à joue »* qu'un vrai baiser. Certaines personnes, suivant leurs habitudes (ou la région d'où ils viennent), se font même trois, ou plus rarement quatre *« bises »* (baisers) en arrivant et en partant !

Conseil

Même si vous êtes surpris(e) quand quelqu'un vous embrasse sur les deux joues pour la première fois, ne vous raidissez pas… laissez-vous aller ! Comprenez que la personne a fait ce geste spontanément et que cela ne signifie pas obligatoirement que vous vous engagez à entretenir des relations très amicales avec elle.

2 Vous rencontrez une personne dans un lieu privé

Que faire ? Que dire ?

▶ **Vous êtes seul(e) :**

• Si vous êtes accueilli(e) au domicile d'une personne, vous opterez pour le serrement de mains ou le baiser sur les deux joues selon les relations que vous entretenez avec votre hôte ou votre hôtesse.

• En revanche, la réceptionniste qui vous accueille dans un cabinet médical, un bureau ou un hôtel ne s'attend pas à ce que vous lui serriez la main mais appréciera qu'un sourire accompagne votre simple « Bonjour ! ».

✔ Notez qu'en France les hommes, même s'ils sont de bons amis et se rencontrent dans un lieu privé, ne s'embrassent pas : ils se donnent une poignée de mains vigoureuse… accompagnée éventuellement d'une petite tape amicale dans le dos !

▶ **Vous êtes accompagné(e) d'une ou plusieurs personnes :**

• Dans ce cas, après les salutations d'usage, vous faites les présentations : vous devez présenter un homme à une femme, une personne plus jeune à une personne plus âgée :

« Françoise, je te présente Ingun. »

« Monsieur Tournier, je vous présente mon amie Belinda. »

« Permettez-moi de vous présenter monsieur Charcot. »

« Je vous présente mon amie Maria. »

« Je crois que vous ne vous connaissez pas… Jean-Claude… Maria. »

• Les personnes qui se rencontrent pour la première fois se serrent la main en disant « Enchanté(e) » ou « Très heureux(se) / Ravi(e) de faire votre connaissance » ou, moins formellement, « Bonjour ! ».

Le « baisemain »

La coutume remonte au Moyen Age : le vassal rendait hommage à son seigneur en lui baisant la main en signe de respect. Durant des siècles, en bons chevaliers servants, les hommes ont repris ce geste gracieux pour saluer les dames, s'inclinant devant elles tout en leur prenant délicatement la main pour l'effleurer de leurs lèvres – une coutume encore très prisée dans certains pays d'Europe de l'Est. Aujourd'hui, cette marque de galanterie un peu surannée n'est plus pratiquée que dans des situations très formelles et dans des lieux privés… Il faut toutefois savoir qu'un monsieur ne doit pas baiser la main d'une jeune fille, ni la main gantée d'une dame.

3 *Vous dites au revoir*

OBSERVEZ

Avant de se quitter, les Français préparent souvent leur départ par des petites phrases telles que « *Cela m'a fait plaisir de vous rencontrer / de vous revoir* » ou : « *Je dois vous quitter…* », ou encore, plus familièrement : « *Bon, allez, je vous laisse !* ».

Si un(e) ami(e) est pressé(e), il/elle vous dira peut-être « *Excusez-moi, je dois filer* » ou « *Je me sauve* » ou encore « *Il faut que j'y aille* », cela signifie simplement qu'elle doit partir vite.

QUE FAIRE ? QUE DIRE ?

• On dit simplement : « *Au revoir madame / monsieur / docteur / maître !* » (selon l'identité de la personne rencontrée).

• Entre amis ou entre jeunes, on se dit « *Salut !* » ou « *Ciao !* » (prononcé « *tchao* », à l'italienne).

✔ Dans certaines régions vous entendrez parfois « Adieu ! », mais normalement ce mot est plus fort, plus définitif (cela signifie que les personnes qui se quittent ne se reverront plus).

• En se quittant on ajoute souvent :
« *À bientôt !* » = on se reverra probablement dans quelques jours.
« *À la prochaine / À un de ces jours / À plus tard / À un de ces quatre !* (familier) » = on se reverra à une date incertaine.
« *À tout à l'heure !* » = on va se revoir plus tard dans la journée.
« *À tout de suite !* » = on va se revoir dans quelques minutes.

• Suivant le moment de la journée, on peut également souhaiter :
« *Bonne journée !* » : le matin ou en début d'après-midi.
« *Bon après-midi !* » : en début d'après-midi.
« *Bonne soirée !* » : en fin d'après-midi.
« *Bonne fin de soirée !* » : après dîner.
« *Bonne nuit !* » : avant d'aller se coucher ou tard le soir.
« *Bon week-end !* » : le vendredi soir ou le samedi.

À quoi l'autre personne peut répondre :
« *Merci ! À vous aussi !* » ou « *Vous de même !* ».

• On peut souhaiter aussi « *Bon courage !* » si la personne vous a parlé de ses problèmes et « *Bonne continuation !* » si elle vous a parlé de ses projets ou si on l'a interrompue dans son travail ou encore « *Bonne chance !* » si elle va entreprendre une action difficile ou risquée… ou passer un examen.

• Si vous voulez transmettre vos salutations à une relation commune, vous ajoutez :

« *Mon meilleur souvenir / Mes amitiés à votre femme.* » (classique)

« *Dites bonjour de ma part à Christian !* » (amical)

« *Embrasse Jeanne pour moi !* » (plus amical)

• Pour quitter une personne dont vous venez de faire connaissance :

« *J'ai été heureux(se) de vous avoir rencontré(e).* »

« *Ravi(e) d'avoir fait votre connaissance.* »

« *Au plaisir de vous revoir !* »

✔ **Quelques marques de galanterie**

– Un homme enlève ou soulève son chapeau pour saluer une dame.

– S'il est assis, il doit se lever alors qu'une femme reste assise pour saluer un homme.

Pouvez-vous écrire un poème de quelques lignes pour décrire la manière de se comporter avec les Français ?

À VOUS !

Au xvie siècle, le poète Joachim du Bellay, de retour d'un séjour de quatre ans à Rome, décrivait ainsi la manière de se comporter avec les Italiens.

Marcher d'un grave pas & d'un grave sourci,
Et d'un grave soubriz[1] à chascun faire feste,
Balancer tous ses mots, respondre de la teste,
Avec un *Messer non*, ou bien un *Messer si*[2] :

Entremesler souvent un petit *Et cosi*[3],
Et d'un *son Servitor*[4] contrefaire[5] l'honneste,
Et, comme si l'on eust sa part en la conqueste,
Discourir sur Florence, & sur Naples aussi :

Seigneuriser[6] chascun d'un baisement de main,
Et suivant la façon du courtisan Romain,
Cacher sa pauvreté d'une brave apparence :

Voila de ceste Court la plus grande vertu,
Dont souvent mal monté, mal sain, & mal vestu,
Sans barbe & sans argent on s'en retourne en
                                          [France.

Joachim DU BELLAY, *Les Regrets*, LXXXVI.

1. Sourire. – 2. Non, messire / Oui, messire. – 3. Eh bien ? – 4. Je suis [votre] serviteur. – 5. Imiter. – 6. Traiter en seigneur.

2

PRISES DE CONTACT

« VOUS » OU « TU » ?

Rappelle-toi Barbara

[...] Et ne m'en veux pas si je te tutoie
Je dis tu à tous ceux que j'aime
Même si je ne les ai vus qu'une seule fois
Je dis tu à tous ceux qui s'aiment
Même si je ne les connais pas. [...]

Jacques PRÉVERT, *Barbara.*

Certes, les poètes ont tous les droits... mais dans la vie quotidienne faut-il vouvoyer (dire « *vous* ») ou tutoyer (dire « *tu* ») ? Cette question est toujours très délicate, même pour les Français, car le choix du vouvoiement ou du tutoiement peut dépendre :
– de facteurs « internes » (relation des interlocuteurs, âge, statut social) ;
– de facteurs « externes » (lieu de rencontre, environnement de travail).

▶ **Règle générale :**
On vouvoie une personne que l'on ne connaît pas.
Ensuite, si la relation devient plus amicale, on peut la tutoyer. Mais il est toujours préférable d'en demander l'autorisation : « *On peut se tutoyer ?* ». Sinon, vous risquez d'être dans une situation gênante au cas où votre interlocuteur continuerait à vous vouvoyer. Il vous faudrait alors faire marche arrière et recommencer à dire « *vous* ». Dans ce cas, ne vous vexez pas ! Cela ne veut pas obligatoirement dire que l'autre personne veut garder ses distances. Peut-être a-t-elle simplement besoin de plus de temps pour passer du « *vous* » au « *tu* », et ceci est sans doute dû à son éducation. On peut de toute façon entretenir d'excellentes relations en continuant à se vouvoyer !

✔ À l'heure actuelle, les jeunes se tutoient dès qu'ils se rencontrent et c'est beaucoup plus simple !

Conseil

Si c'est votre interlocuteur qui a pris l'initiative de passer soudain du « *vous* » au « *tu* », c'est à vous de décider si vous voulez ou non adopter le « *tu* », plus familier.

▶ **Dans les relations familiales :**

On se tutoie habituellement. Le vouvoiement entre enfants et parents persiste encore dans certaines familles françaises, notamment de la noblesse ou de la bourgeoisie, mais cela représente une minorité de la population. Par contre, il est beaucoup plus courant de vouvoyer un parent lointain et âgé.

▶ **À l'école, au collège, au lycée, à l'université :**

Rigolo : comique.

Normalement, à l'école, les élèves vouvoient l'instituteur ou l'institutrice et celui-ci ou celle-ci les tutoie. Au collège et au lycée, certains professeurs continuent à tutoyer leurs élèves alors que d'autres les vouvoient. À l'université, le vouvoiement de part et d'autre est la règle courante, ce qui montre l'importance du facteur « âge » : un adulte tutoie un enfant mais, en général, après l'adolescence, il peut le tutoyer ou le vouvoyer selon les relations qu'il entretient avec lui.

▶ **Dans les situations professionnelles :**

• Les collègues se tutoient ou se vouvoient en fonction de leur âge, de leur poste (problème hiérarchique) et du style de l'entreprise (plus moderne et décontractée ou plus traditionnelle).
• Entre les employés, les cadres et les supérieurs hiérarchiques, on se vouvoie à moins qu'on ait travaillé longtemps ensemble, ou que ce soit le style de la maison (par exemple dans une petite entreprise ou une société employant des jeunes).
L'important est qu'il n'y ait pas de déséquilibre : le « *vous* » ou le « *tu* » doivent être réciproques.

▶ *Dans la rue, dans un magasin, dans un lieu public :*

On vouvoie, également, chez le docteur, le coiffeur, le dentiste, même si on connaît les personnes depuis très longtemps… à moins qu'ils ne soient devenus vraiment des amis.

Conseil

En conclusion, mieux vaut vouvoyer trop longtemps une personne que de la tutoyer trop tôt, car un tutoiement trop hâtif pourrait être perçu comme une trop grande familiarité ou une ignorance des bons usages.

TÉLÉPHONER

1 *D'où appelez-vous ?*

▶ *Cabine téléphonique, mode d'emploi :*

Si vous désirez téléphoner à partir d'une cabine téléphonique, sachez qu'en France la majorité des cabines fonctionnent avec des télécartes que vous achetez à la poste ou dans des bureaux de tabac.

• Décrochez l'appareil, glissez votre télécarte dans la fente. Quand vous entendez la tonalité (son continu), composez votre numéro.

• Si vous désirez que votre correspondant paie la communication, faites le numéro de l'opératrice et dites : « *Je voudrais appeler un numéro en PCV* ».

Toutes les instructions pour téléphoner en France et à l'étranger sont en général affichées dans les cabines publiques ainsi que le numéro de téléphone de la cabine : vous pouvez donc demander à votre correspondant de vous rappeler.

Vous pouvez aussi téléphoner dans des « points phone », appareils qui marchent avec des pièces et qu'on trouve dans les cafés.

Conseil

N'occupez pas trop longtemps les téléphones publics si vous voyez que d'autres personnes attendent.

SI APRÈS MON VIN MON APPEL EST VAIN, MON ALLO TOMBE À L'EAU !

Vain : inutile.
Tomber à l'eau : échouer.

▶ ***Vous téléphonez de chez vous :***

N'oubliez pas qu'il existe différents tarifs de communication en fonction de la distance bien sûr, mais aussi de l'heure à laquelle vous téléphonez : tarifs bleu, blanc, rouge (du moins cher au plus cher). Si vous avez des amis qui vivent la nuit, téléphonez-leur entre 22h30 et 6 heures du matin pour trois fois moins cher !

Conseil

Rappelez-vous qu'en règle générale, il est impoli de téléphoner après 22 heures ou à l'heure des repas.

▶ ***Vous utilisez l'appareil d'une autre personne :***

Ne le faites jamais sans son autorisation et soyez bref. Proposez de payer votre communication surtout si vous avez fait un appel longue distance.

POUR TÉLÉPHONER

Laissez-vous guider par les consignes qui s'affichent à l'écran.
1. Décrocher
2. Introduire la carte
3. Numéroter

POUR COMPOSER UN NUMÉRO
À partir du 18 octobre 1996, la numérotation à 10 chiffres sera effective. Il n'y aura plus d'indicatif.

• **National**
– En Ile-de-France : ajoutez 01 en tête des numéros actuels à 8 chiffres.
– Province : ajoutez 2 chiffres (02 pour le Nord-Ouest, 03 pour le Nord-Est, 04 pour le Sud-Est, 05 pour le Sud-Ouest) en tête du numéro actuel à 8 chiffres.

• **DOM** (départ. d'Outre-Mer)
Ajoutez 0 devant l'indicatif du DOM, qui ne change pas.

• **TOM** (territoires d'Outre-Mer)
Composez le 00 suivi de l'indicatif à 3 chiffres et du n° à 6 chiffres.

• **International**
– 00 + indicatif du pays + indicatif de la ville + n°

Pour appeler la France de l'étranger, composez 33 suivi de 9 chiffres (ne pas composer le 0 au début).

Numéros gratuits	
Pompiers	18
Samu	15
Police	17
Information	12
Appareil en panne	13

2 *Vous entrez en contact*

▶ *Vous vous présentez :*

« *Allô, bonjour monsieur, je voudrais parler à Monsieur Beaujean de la part de…* [votre nom] »

« *Allô, la société Pixsel ? Ici la compagnie MacTex, je voudrais parler au directeur du marketing…* »

« *Allô, je suis bien au 45 70 22 30 ?… Bonjour, monsieur. Je suis* [votre nom] *Pourrais-je parler à Madame Conrad s'il vous plaît ?* »

« *Allô, Monsieur Tcheng à l'appareil, je désire parler à Monsieur Petit.* »

« *Allô, bonjour ! C'est Jacques… Est-ce que Marie est là, s'il te plaît ?* »

« *Allô, ici John. Bonjour ! Ça va ?… Tu pourrais me passer Louis, s'il te plaît ?* »

S'il est tard vous pouvez dire :

« *Allô, excuse(z)-moi de te/vous déranger, …* ».

Conseil

Il est important de vous présenter immédiatement en donnant votre nom, autrement on vous demandera : « *C'est de la part de qui ?* » ou « *Qui est à l'appareil ?* ». Dans ce cas, répondez « *C'est de la part de… * [votre nom] ».

▶ *Vous expliquez l'objet de votre appel :*

« *Je téléphone pour prendre rendez-vous avec Madame Longuet.* »

« *J'aimerais avoir des renseignements sur…* »

« *Je vous téléphone au sujet de…* »

« *Je voudrais savoir si…* »

• Si la communication n'est pas très bonne, vous pouvez dire : « *Je vous entends très mal, je raccroche et je vous rappelle* ». Après avoir raccroché, recomposez le numéro de votre correspondant.

• Si vous ne comprenez pas bien votre correspondant, n'hésitez pas à lui dire :

« *Pouvez-vous parler plus lentement, s'il vous plaît ?* »

« *Excusez-moi, je n'ai pas bien compris, pourriez-vous répéter, s'il vous plaît ?* »

« *Pouvez-vous épeler le nom ?* »

▶ *Vous devez interrompre votre conversation :*

« *Excusez-moi, j'ai un appel sur une autre ligne, vous pouvez patienter ou voulez-vous que je vous rappelle ? »*
« *Ne quittez pas, je vais voir si elle est là. »*
« *Ne quitte pas, je prends un stylo pour noter. »*

▶ *Vous finissez la conversation :*

« *Je vous remercie… À bientôt, au revoir madame. »*
« *J'ai été très heureux de pouvoir vous parler… Au revoir monsieur. »*
« *Nous reparlerons de tout cela le 10 janvier… en attendant je vous souhaite une bonne journée. »*
« *À lundi et bon week-end !… Au revoir ! »*
« *Je te quitte. À bientôt ! Je t'embrasse. »*
Si ce n'est pas vous qui avez appelé, vous pouvez dire :
« *Merci de m'avoir appelé(e). »*
« *Je vous remercie de votre appel / Je te remercie de ton appel. »*

3 Vous n'arrivez pas à entrer en contact avec la personne que vous demandez

▶ **Elle est en communication sur une autre ligne :**

On vous demande alors : « *Vous pouvez patienter ? »*
Répondez : « *Oui, je reste en ligne* » si vous pouvez attendre ou, sinon : « *Je préfère rappeler plus tard, merci ! »*

▶ **Elle est absente :**

Quelqu'un répond pour elle. Vous pouvez dire :
« *Savez-vous quand elle sera là ? »*
« *À quelle heure puis-je le/la rappeler ? »*
« *Quand est-ce que je peux le/la joindre ? »*
« *Est-ce que vous pouvez lui transmettre un message ?…*
Dites-lui que Monsieur Llosas a téléphoné et qu'il rappellera demain. »
« *Pouvez-vous lui demander de me rappeler au 45 60 22 12 ? Merci ! »*

▶ **Elle n'habite ou ne travaille plus là :**

« Où est-ce que je pourrais le/la joindre s'il vous plaît ? »
« Pouvez-vous me communiquer son nouveau numéro ? »

▶ **Vous avez fait un mauvais numéro :**

« Ce n'est pas le 34 25 77 00 ?... Excusez-moi, je me suis trompé(e) ! »
« Excusez-moi de vous avoir dérangé(e), j'ai dû faire une erreur. »

▶ **La ligne est occupée :**

Vous entendez un enregistrement, c'est-à-dire un message
préenregistré sur un répondeur :
– « Par suite d'encombrement, votre appel ne peut aboutir. Veuillez
appeler ultérieurement. »
– « Toutes les lignes de votre correspondant sont occupées, veuillez
renouveler votre appel. »

Raccrochez et rappelez plus tard.

▶ **Le numéro de votre correspondant a changé ou n'est plus
en service :**

Vous entendez un enregistrement :

« Nous regrettons de ne pouvoir donner suite à votre appel. Veuillez
consulter l'annuaire ou le centre de renseignements. »

La ligne de votre correspondant a été « coupée », c'est-à-dire
interrompue. Peut-être n'a-t-il pas payé sa facture de téléphone
ou a-t-il déménagé. Vous devez donc chercher son nouveau
numéro.

Conseils

Pour chercher le nouveau numéro de votre correspondant, vous
pouvez :
• soit consulter l'annuaire, le livre dans lequel sont répertoriés tous
les abonnés,
• soit appeler le 12,
• soit consulter le minitel, cette merveilleuse petite machine
électronique qui vous permet, entre autres services, de chercher
rapidement et gratuitement les numéros de téléphone de tous
les abonnés de France en donnant simplement leur nom et leur adresse
(ou même simplement le nom de la ville où ils habitent). On trouve
des minitels dans tous les bureaux de poste et chez les particuliers
qui en ont fait la demande.

▶ *Vous êtes en communication avec un répondeur privé :*

« *Vous êtes bien au 56 99 76 12. Nous ne pouvons pas vous répondre actuellement, veuillez laisser votre message après le bip sonore.* »

Ne paniquez pas ! Téléphoner dans une langue étrangère est toujours un exercice difficile. Parlez d'une voix calme.

« *Bonjour ! Madame Irwin à l'appareil. J'appelais pour… [objet de l'appel]. Est-ce que vous pouvez me rappeler au… [votre numéro] ? Merci !* »

Il est même recommandé de préciser le jour et l'heure de votre appel. Ces renseignements sont très utiles pour votre correspondant s'il s'est absenté quelques jours.

Conseil

Avant de téléphoner, notez sur un papier le nom et le numéro de téléphone de votre correspondant, l'objet de votre appel et votre propre numéro de téléphone. C'est simple et très utile pour être prêt à faire face à toutes les situations, notamment celle du répondeur.

CHERCHER DES RENSEIGNEMENTS

La manière d'exposer le motif de votre demande dépend :

– du cadre dans lequel se situe l'échange : vous ne vous exprimerez pas de la même manière chez un commerçant ou dans un cocktail ;

– des relations que vous entretenez avec votre interlocuteur : vous ne vous adresserez pas de la même façon à un supérieur et à un ami non seulement parce que vous le connaissez moins bien et que vous ne pouvez pas être aussi direct(e), mais aussi parce que vous voulez lui donner une certaine image de vous ;

– de l'objet de votre demande : demander son chemin dans la rue ou se renseigner sur les qualifications requises pour un poste à pourvoir sont deux demandes de nature bien différente.

S'il est donc impossible de répertorier toutes les formules utilisées, il est néanmoins important de se sensibiliser aux différents registres de langue employés.

Que faire ? Que dire ?

▶ *La demande peut être très directe :*

• Elle s'exprime alors sur le mode impératif.
« Dites-moi à quelle station je dois descendre pour aller à l'Opéra Bastille. »
« Donne-moi les coordonnées de Laurent. »

• En employant le verbe *« falloir »* (et d'autres expressions) équivalentes) ou en utilisant le futur ou le conditionnel, on souligne l'urgence de la demande ou, simplement, on renforce son autorité sur la personne à qui on formule cette demande :
« Il faut que tu me donnes son numéro de téléphone. »
« Il est indispensable que vous me fournissiez ces renseignements. »
« Tu me chercheras l'adresse de ton ami à Brest, d'accord ? »
« Vous voudrez bien me chercher les références de cet article. »
« Vous pourriez me dire s'il y a encore des places disponibles ? »
Tout dépend aussi de l'intonation de la voix…

▶ *La demande est neutre :*

Elle s'exprime alors sous la forme d'une simple question :
« Vous avez les horaires des trains pour Toulouse ? »
« Est-ce que tu sais où je peux joindre Christian ? »
« Pouvez-vous me dire quand aura lieu le prochain Salon de la photographie ? »

▶ *La demande est adoucie :*

– par des formules de politesse qui l'introduisent :
« Excusez-moi, madame, où est-ce que je peux trouver un bureau de tabac ? »
« Pardon, monsieur, je cherche le service des cartes de séjour. »

« *Excusez-moi de vous déranger mais je voudrais savoir si la réunion de demain est maintenue.* »

– par un simple « *s'il vous plaît* » qui fera toute la différence :

« *Pourriez-vous m'aider, s'il vous plaît, à trouver des documents sur l'art roman ?* »

« *Tu peux m'expliquer comment remplir cet imprimé, s'il te plaît ?* »

▶ **La demande devient une suggestion :**

Mise à la forme négative, la demande devient moins directe : on suggère, on propose :

« *Tu ne voudrais pas m'aider à trouver ces informations ?* »

« *Cela ne t'ennuierait pas de me chercher des renseignements sur ce sujet ?* »

« *Vous ne sauriez pas où je peux m'adresser pour faire une réclamation ?* »

« *Vous ne pourriez pas me dire comment me procurer cet article ?* »

> **Quelques expressions plutôt utilisées dans les demandes écrites**
>
> • « *Auriez-vous l'amabilité de bien vouloir m'envoyer tous les formulaires nécessaires à la constitution de mon dossier ?* »
>
> • « *Auriez-vous l'obligeance de me fournir tous les éléments nécessaires… ?* »
>
> • « *Je vous remercie par avance de bien vouloir répondre à mes questions.* »
>
> • « *Je vous prie de bien vouloir me transmettre les coordonnées de la personne que je dois contacter.* »

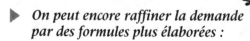

▶ **On peut encore raffiner la demande par des formules plus élaborées :**

« *Cela ne te dérangerait pas de me fournir toutes les informations sur la question ?* »

« *Aurais-tu la gentillesse de chercher dans quel journal cet article est paru ?* »

« *Auriez-vous l'amabilité de m'aider dans ma recherche ?* »

✔ Cette tournure de phrase peut d'ailleurs être aussi utilisée sur le mode ironique pour souligner que la personne ne vous aide pas beaucoup et l'inciter à faire un effort, ou encore pour insister après plusieurs demandes infructueuses.

100 balles : 100 francs.

PRENDRE RENDEZ-VOUS

1 *Prendre rendez-vous chez le docteur*

Si vous téléphonez, c'est probablement la réceptionniste
qui va vous répondre. S'il s'agit d'un cabinet médical regroupant
plusieurs docteurs, vous devez spécifier le nom du docteur
avec qui vous désirez prendre rendez-vous.

Que faire ? Que dire ?

▶ **Vous demandez votre rendez-vous :**
Vérifiez d'abord que vous êtes au bon numéro, puis faites votre
demande.

*« Allô, bonjour madame, c'est bien le cabinet du docteur Dossou ? Je
voudrais prendre rendez-vous avec le docteur la semaine prochaine si
c'est possible. »*

✔ On vous demandera peut-être : *« Vous êtes déjà venu(e) ? »* pour savoir
si vous avez déjà un dossier avec toutes vos « coordonnées » (nom,
adresse, numéro de téléphone) au cabinet médical.

• On vous propose alors un rendez-vous :
« Est-ce que le mercredi 10, à 16h, vous conviendrait ? »
« Le docteur ne peut pas vous recevoir avant le vendredi 5 à 18 heures. »
« Quelles sont vos disponibilités ? » (= « Quand êtes-vous libre ? »)
• Vous acceptez :
« C'est parfait. » ou *« Très bien. »*
Il suffit alors de laisser votre nom.

▶ **Vous voulez changer la date de votre rendez-vous :**

« Je suis désolé(e). J'avais pris rendez-vous mais…
… je ne peux pas / Je ne suis pas libre ce jour-là. »
… Ce n'est pas possible avant / après… par exemple ? »

▶ **Vous voulez changer l'heure :**

*« Vous n'auriez pas un rendez-vous un peu plus tard / un peu plus tôt
parce que je travaille jusqu'à 18 heures / à partir de 14 heures… ? »*

▶ **Vous désirez décommander un rendez-vous :**

« Je vous téléphone pour décommander le rendez-vous que j'avais avec le docteur Dossou le 5 juillet. Pourriez-vous me fixer un autre rendez-vous, plus tard dans la semaine ? »

| **Conseil**
Ayez la politesse de décommander votre rendez-vous au minimum 48 heures à l'avance.

2 Prendre rendez-vous pour discuter affaires

Selon les circonstances et la position hiérarchique de la personne à qui vous vous adressez, vous pouvez téléphoner directement ou écrire une courte lettre pour solliciter un rendez-vous.

Que faire ? Que dire ?

Dans les deux cas, il convient de vous présenter, de rappeler les circonstances de votre dernière rencontre, si vous connaissez déjà cette personne, puis d'exposer clairement le but de votre appel.

Autres possibilités

- Vous demandez un rendez-vous :
  - « Je téléphone pour prendre rendez-vous avec Madame Martin… »
  - « Pouvez-vous me fixer rendez-vous un jour de cette semaine ? »
  - « Pourriez-vous m'accorder un rendez-vous dans la semaine du 2 au 9 ? »
  - (chez le coiffeur) « Est-ce que je pourrais prendre rendez-vous pour une coupe-brushing ? »

- Vous indiquez vos préférences :
  - « Je préférerais le matin… »
  - « Est-ce que ce serait possible en début d'après-midi ? »
  - « Pourriez-vous me recevoir plutôt en fin de matinée ? »

- Vous acceptez :
  - « Le 4 novembre ? C'est parfait. »
  - « Mercredi 6 décembre à 6 heures ? C'est très bien. »

- Vous refusez :
  - « Désolé(e), je serai absent(e) ce jour-là. »
  - « Je suis pris(e) toute la journée de mardi, mais suis libre le reste de la semaine. »

- Vous annulez / vous reportez le rendez-vous :
  - « Je voudrais annuler le rendez-vous que j'avais pris pour le 14 janvier. Auriez-vous une autre date disponible ? »
  - « Est-ce que je pourrais reporter mon rendez-vous du 5 mars à la semaine suivante ? »

▶ **Au téléphone :**

« Allô, bonjour monsieur. Hans Muller à l'appareil. Je suis attaché commercial au laboratoire X. Nous nous sommes vus au Congrès des pharmaciens à Nice le mois dernier… [pause]… Vous vous rappelez que nous avions discuté de la possibilité de… [objet du rendez-vous]…

Est-ce que nous pourrions nous rencontrer pour… [reformulation plus précise de l'objet du rendez-vous]… *?* »

• Vous êtes le demandeur : vous devez donc laisser le choix de la date à votre interlocuteur : « *Quelle date vous conviendrait le mieux ?* »

• Une fois le rendez-vous fixé, juste avant de finir la conversation, il est préférable de rappeler la date et l'heure pour vous assurer qu'il n'y a pas de malentendu :

« *Très bien… nous nous verrons donc le 3 juin à 15 heures.* »
« *Eh bien, je vous dis à jeudi, 18 heures.* »

▶ *Par lettre :*

On peut suivre le même schéma pour une lettre en adoptant un style plus concis et formel.

Monsieur Hans Muller
5, rue des Orangers
06000 Nice

Monsieur Lenoir
14, rue des Arts
75015 Paris

Paris, le 20 mai 1996

Monsieur,

Lors du congrès des pharmaciens le mois dernier à Nice auquel j'assistais en tant qu'attaché commercial du laboratoire X, nous avons envisagé la possibilité de… [objet du rendez-vous].

Pourriez-vous m'accorder un rendez-vous à votre convenance afin que nous… [reformulation de l'objet du rendez-vous] ?

Vous pouvez me joindre au 92 22 54 13.

Dans l'attente de votre réponse, je vous prie d'agréer, monsieur, mes salutations distinguées.

3 *Prendre rendez-vous avec un(e) ami(e)*

Que faire ? Que dire ?

Le style que vous adoptez varie évidemment en fonction des relations que vous entretenez avec cet(te) ami(e) : vouvoiement ou tutoiement, ton plus ou moins familier. Dans l'exemple ci-dessous ce sont probablement des amis de longue date et le tutoiement est donc seul utilisé.

▶ *Au téléphone :*

Adoptez le même schéma que précédemment : présentation, but de l'appel, proposition de date, décision :

« Allô, bonjour Angélique ! Devine qui est à l'appareil ?… Oui ! C'est moi, Stella ! Comment vas-tu ?… Dis, je te téléphone parce que je serai à Paris pendant les vacances de Noël… On pourrait se voir ? Déjeuner ensemble ou aller à une expo… Qu'en penses-tu ?… Tu serais libre entre le 22 et le 30 décembre ?… Très bien !… Bon alors, téléphone-moi une semaine avant pour qu'on fixe la date exacte, d'accord ?… Je t'embrasse… À bientôt ! »

✔ Si Stella vouvoyait Angélique, elle dirait :

*« Allô, bonjour Angélique ! **Devinez** qui est à l'appareil ?… Oui ! C'est moi, Stella ! **Comment allez-vous ?**… **Dites**, je **vous** téléphone parce que je serai à Paris pendant les vacances de Noël… On pourrait se voir ? Déjeuner ensemble ou aller à une exposition… Qu'en **pensez-vous ?**… **Vous seriez** libre entre le 22 et le 30 décembre ?… Très bien !… Bon alors, **téléphonez-moi** une semaine avant pour qu'on fixe la date exacte, d'accord ?… Je **vous** embrasse… À bientôt ! »*

DÈS QUE JE LUI FAIS ALLO, IL ME FAIT OLÉ !

▶ *Par lettre :*

> Dijon, le 4 novembre 19..
>
> Chère Angélique,
>
> Un tout petit mot pour te demander si nous pourrions nous voir à Paris pendant les vacances de Noël. J'y serai du 22 au 30 décembre.
>
> Crois-tu que tu pourrais te libérer pour passer un moment avec moi ? On pourrait déjeuner ensemble ou voir une exposition ? J'ai beaucoup de choses à te raconter...
>
> Réponds-moi vite ! J'ai hâte d'avoir de tes nouvelles.
>
> Je t'embrasse.
>
> Stella

✔ Si Stella vouvoyait Angélique, elle écrirait :

Un tout petit mot pour vous demander si [...]. Croyez-vous que vous pourriez vous libérer pour passer un moment avec moi ? [...] J'ai beaucoup de choses à vous raconter... Répondez-moi vite ! J'ai hâte d'avoir de vos nouvelles. Je vous embrasse.

Variantes

• Vous proposez :
– « *J'aimerais bien qu'on se voie la semaine prochaine. C'est possible ? »*
– « *Tu es libre le 5 avril à 16 heures ? »*
– « *On peut se voir, disons... après-demain ?... Ça te va ? / Pourrions-nous nous voir... ? »*

• Vous confirmez :
– « *Alors, à dimanche, à 15 heures devant l'entrée du musée ! »*
– « *On se trouve directement devant le restaurant à midi. D'accord ? »*
– « *OK, ça marche : on se voit demain matin à 10 heures à la sortie du métro. »* (familier)

• Vous voulez annuler ou reporter un rendez-vous :
– « *Excuse-moi, finalement je ne pourrai pas te voir après-demain parce que... [raison]... mais je te rappellerai plus tard pour qu'on décide d'un autre jour. / Excusez-moi, ... je ne pourrai pas vous voir..., mais je vous rappellerai. »*
– « *On ne pourrait pas se voir jeudi au lieu de mardi parce que... ? »*

1. Complétez ces dialogues :

....
....

....
....

....
....

....
....

2. Qui parle à qui ?

a. ....
b. ....
c. ....
d. ....

3

COMMUNICATIONS ET ÉCHANGES

ACCEPTER / REFUSER
UNE PROPOSITION

1 *Accepter*

Là encore le choix de l'expression sera déterminé par les trois paramètres précédemment mentionnés : le cadre de l'échange, les liens avec l'interlocuteur et l'objet de l'acceptation.

À ceci va s'ajouter un quatrième élément, les sentiments qui vous animent : êtes-vous heureux(se) d'accepter ou le faites-vous avec réticence ?

Que faire ? Que dire ?

• Un simple « *Oui !* », « *D'accord !* », « *Je veux bien !* » peut être suffisant.

Mais si vous désirez marquer votre plaisir ou votre satisfaction, dites plutôt : « *Volontiers !* », « *Avec plaisir !* », « *Avec joie !* », « *J'accepte avec grand plaisir !* », « *Super !* » (familier)

• Si vous n'êtes pas très enthousiaste, un « *Après tout, pourquoi pas ?* » informera votre interlocuteur sur votre état d'esprit !...

2 *Refuser*

Il est bien sûr plus délicat de refuser que d'accepter et le refus peut s'accompagner d'excuses ou de justifications ou au contraire montrer que votre décision est sans appel.

Que faire ? Que dire ?

• Votre « *Non !* » peut être adouci par l'expression d'un regret plus ou moins sincère :

« *Non, je regrette sincèrement.* »
« *C'est impossible malheureusement.* »

« *Ce n'est (vraiment) pas possible, j'en suis désolé(e).* »
« *Je regrette de ne pas pouvoir accepter.* »
« *Je suis au regret de vous dire non.* »
« *Je suis navré(e) de devoir refuser.* »

• On peut aussi ajourner le moment de la décision en disant
« *Je ne pense pas, mais je vais voir…* » ou « *On verra…* ».

• Mais si on veut opposer un refus catégorique, on dira :
« *Non je ne veux pas.* », « *Ça ne me dit rien.* », « *Je refuse
(catégoriquement).* », « *(Il n'en est) pas question !* », « *C'est hors de
question !* », « *Vous n'y pensez pas !* »

REMERCIER
POUR UN SERVICE RENDU

Selon l'importance du service et selon les relations que vous
entretenez avec la personne qui vous a aidé(e), différentes
options s'offrent à vous.

• Si, par exemple, une amie vous a accompagné(e)
avec dévouement dans de multiples démarches
administratives, vous pouvez lui acheter un petit
cadeau.

• Si quelqu'un vous a aidé(e) à trouver du travail
en vous donnant des adresses de personnes à
contacter, téléphonez-lui, écrivez-lui, invitez-le/la
au restaurant ou à dîner chez vous, ou envoyez-lui
un petit cadeau. C'est à vous de trouver la manière
la plus appropriée d'exprimer votre gratitude.

Que faire ? Que dire ?

▶ *Remercier de vive voix :*

Selon l'intensité que vous voulez donner à
vos remerciements, vous pouvez utiliser les
formules suivantes (du plus simple au plus fort) :

« *Merci / Merci bien / Merci beaucoup.* »
« *Je vous/te remercie beaucoup / mille fois / infiniment.* »
« *Je ne sais comment vous/te remercier.* »
« *Je ne vous/te remercierai jamais assez.* »

**Comment
répondre à des
remerciements**

Vous pouvez dire :

« *Je vous en prie ! / Je t'en
prie !* »
« *Ce n'est rien !* »
« *C'est tout à fait normal !* »
« *De rien !* »
« *C'est bien peu de chose.* »
« *Il n'y a pas de quoi !* »
(fam.)

ou, d'une manière plus
emphatique :

« *Tout le plaisir est pour
moi !* »

▶ *Remercier par lettre :*

Si vous préférez envoyer une lettre plus officiellement, rappelez tout d'abord les circonstances dans lesquelles on vous a aidé(e), les heureuses conséquences de ce geste et terminez par des remerciements.

> Le Havre, le 10 septembre 19..
>
> Chère madame,
>
> Il y a environ deux mois, nous nous sommes rencontré(e)s lors d'un cocktail chez les Delatour. J'étais alors à la recherche d'un emploi et vous m'avez suggéré de me mettre en contact avec votre beau-frère, monsieur Delbart qui dirige une chaîne de librairies. J'ai suivi votre conseil et j'ai été reçu(e) très aimablement. Aujourd'hui, je travaille au service comptabilité d'une des librairies de monsieur Delbart et vous suis infiniment reconnaissant(e).
>
> J'aimerais vous remercier de m'avoir aidé(e). Grâce à vous j'ai trouvé un emploi qui correspond à mes compétences.
>
> Avec encore tous mes remerciements, je vous prie de croire, chère madame, à mon meilleur souvenir.

▶ *Offrir des cadeaux :*

Ne vous aventurez pas dans des cadeaux trop personnels si vous n'êtes pas très proche de la personne qui vous a aidé(e) : un livre (un prix littéraire ou un livre sur un sujet qui intéresse votre bienfaiteur : sport, astronomie, art, photos, etc.), un disque de musique classique si elle/il est mélomane, une caisse de bouteilles de vin (un grand cru évidemment), de la confiserie (bonbons, chocolats…) ou des fleurs pour une dame.

Conseils

Cadeaux à éviter :
– les roses rouges, car votre geste pourrait être mal interprété (le rouge est la couleur de la passion…) !
– les parfums, car ce choix est très personnel.
Au moment de l'achat précisez bien à la vendeuse : « *C'est pour offrir.* » et demandez qu'elle vous fasse « *un paquet cadeau* ».
Si vous faites livrer votre cadeau, n'oubliez pas de joindre votre carte de visite où vous écrirez la courte formule : « *Avec tous mes remerciements* ».

S'EXCUSER POUR UNE ERREUR OU UNE FAUTE

1 S'excuser de vive voix

Les excuses doivent être évidemment proportionnelles à l'importance de la maladresse commise.

« *Pardon !* » est un mot que l'on utilise fréquemment en France dans de multiples circonstances de la vie quotidienne :
– lorsqu'on dérange, ou qu'on bouscule une personne, par exemple ;
– quand on éternue, quand on se mouche ;
– à table quand on passe un plat, le pain, le sel ou le poivre devant une autre personne ;
– quand on demande un renseignement ou un service : « *Pardon madame / monsieur, pourriez-vous… ?* », ou encore lorsqu'on interrompt quelqu'un.

Que faire ? Que dire ?

• De manière formelle :
« *Je vous / te prie de m'excuser (de…)* »
« *Je vous / te prie de me pardonner (de…)* »
« *Je vous / te présente toutes mes excuses (pour…)* »
« *Veuillez m'excuser (de…) / Veuillez me pardonner (de…)* »
« *Je suis confus(e) (de…) / navré(e) (de…) et vous prie de m'en excuser.* »

• De manière moins formelle :
« *Excuse-moi ! / Excusez-moi !* »
« *Toutes mes excuses !* »
« *Pardon ! Je suis (vraiment) désolé(e) (de…)* »
« *Je regrette (de…)* »

> **Comment répondre à des excuses**
>
> Vous pouvez dire :
> « *Je vous en prie ! / Je t'en prie !* »
> « *Ce n'est pas grave !* »
> « *Ce n'est rien. / Ça ne fait rien.* »
> « *Il n'y a pas de mal !* » (plus familier)

Conseil

Il est impoli de dire « *Je m'excuse* » car ce n'est pas à vous d'excuser votre conduite mais à l'autre personne de vous excuser !

2 S'excuser par lettre

Il est important de reconnaître honnêtement vos torts… même si vous pouvez avoir des circonstances atténuantes.

• De manière formelle :

Hong Kong, le 4 janvier 19..

Docteur,

J'avais rendez-vous à votre cabinet le 3 janvier à 16 heures.
En effet, je devais revenir à Paris pour le Nouvel An, mais, pour des raisons familiales, j'ai été contraint(e) de prolonger mon séjour de deux semaines.

Je vous avoue que j'avais complètement oublié mon rendez-vous et m'en suis souvenu seulement aujourd'hui.
N'ayant pu vous joindre au téléphone, je vous adresse ce fax et vous prie de bien vouloir m'excuser pour ce contretemps regrettable.

Dès mon retour à Paris, je reprendrai contact avec vous.

Avec encore toutes mes excuses, je vous prie d'agréer, docteur, l'expression de mes meilleurs sentiments.

• De manière moins formelle :

Dijon, le 5 août 19..

Chère Armelle,

Tu as dû m'attendre l'autre jour devant le musée… et te demander pourquoi je ne suis pas venu(e). Je sais que j'aurais dû te prévenir pour te dire que je devais repartir pour Dijon deux jours plus tôt que prévu et que je ne pourrais finalement pas te voir… mais j'ai complètement oublié de le faire. Je suis vraiment désolé(e) et j'espère que tu me pardonneras.

Impossible de te joindre au téléphone depuis mon retour.
Je te rappellerai.

Sans rancune, j'espère ? Bises.

À VOUS !

Que dites-vous et que faites-vous dans ces circonstances ?

1. Vous aviez un rendez-vous. Vous arrivez en retard.

2. Au bureau, vous êtes en pleine conversation téléphonique.
Un collègue entre et vous demande un dossier important.

3. Une amie vous offre un cadeau pour votre
anniversaire.

4. Vous aviez dit à un ami
de passer vous voir chez
vous. Un quart d'heure
avant son arrivée, vous
devez vous absenter pour
une affaire urgente et
imprévue. Vous lui
laissez un petit mot
sur votre porte.

4

INVITATIONS

INVITATIONS À DÉJEUNER OU À DÎNER

1 Comment répondre à une invitation

• **Si l'invitation est formelle,** vous recevrez un carton d'invitation (généralement au moins dix jours à l'avance). Le carton d'invitation, par sa présentation et son style, montre évidemment qu'il s'agit d'un dîner très officiel.

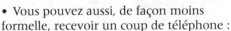

Monsieur et Madame d'Hautecourt
*vous prient de leur faire l'honneur
de venir dîner chez eux
le vendredi 5 mars à 20 heures.*

5, avenue Niel, Paris 17.   R.S.V.P.

• Vous pouvez aussi, de façon moins formelle, recevoir un coup de téléphone :
« *Nous aimerions vous inviter à dîner à la maison lundi soir… »*
« *Cela me ferait plaisir de vous avoir à dîner un soir de la semaine prochaine. »*
« *Seriez-vous libre samedi prochain pour venir dîner chez nous ? »*

QUE FAIRE ? QUE DIRE ?

▶ *Vous répondez à l'invitation :*

• Pour le carton d'invitation, répondez le plus tôt possible (*R.S.V.P. = répondez s'il vous plaît*) par un mot sur une carte de visite.

Réponse positive :

> Monsieur et Madame Irwin
>
> vous remercient de votre invitation
> à laquelle ils auront le plaisir
> et l'honneur de se rendre.

Réponse négative :

> Monsieur et Madame Pichler
>
> étant malheureusement pris
> par des engagements antérieurs,
> regrettent de ne pouvoir accepter
> votre aimable invitation.

• Pour des invitations par téléphone,
la réponse sera dans le même style que l'invitation.

▶ *Vous acceptez l'invitation :*

« Merci, c'est très aimable à vous. J'accepte avec plaisir. »
« C'est avec grand plaisir que nous acceptons votre invitation. »
« Nous nous ferons un plaisir de venir. »
« Volontiers, nous serons enchantés de vous voir. »

▶ *Vous n'êtes pas sûr de pouvoir ou de vouloir accepter
cette invitation :*

*« Ce serait avec plaisir… mais est-ce que je peux vous rappeler pour
vous confirmer parce que… [raison] ? »*
« Cela me ferait plaisir, mais je dois voir si je peux me libérer parce que… »

▶ *Vous refusez l'invitation :*

*« C'est vraiment très gentil de votre part, mais je suis (vraiment)
désolé(e)…, cela m'est impossible… / je ne peux absolument pas… »*
*« Je regrette sincèrement, mais je ne suis pas libre ce soir-là
(… ou autre excuse). »*

• **S'il s'agit d'une invitation amicale**, l'invitation sera
probablement faite par téléphone.

« Tu ne veux pas dîner chez moi demain soir ? »
« J'aimerais bien t'avoir à déjeuner samedi. »
*« Tu n'as rien de prévu vendredi soir ? Cela me ferait plaisir que
tu viennes dîner à la maison. »*

Ou même, dans un style beaucoup plus familier :

*« Tu es libre mercredi ? J'invite quelques amis. On va se faire une
petite bouffe… »*

Que faire ? Que dire ?

▶ **Vous acceptez l'invitation :**

« *Je veux bien, c'est très gentil.* »
« *D'accord, ça me fera plaisir de te voir.* »
« *Super ! d'accord, vers quelle heure ?* » (familier)
En général, on propose de contribuer au repas :
« *Qu'est-ce que je peux apporter ?* »
« *J'apporte le dessert.* »

✔ Même si votre ami(e) vous dit de ne rien apporter,
vous pouvez toujours arriver avec une ou deux bouteilles
de bon vin ou de champagne : vous serez sûr(e)
de faire plaisir.

▶ **Vous n'êtes pas certain(e) de pouvoir accepter
l'invitation :**

« *Ça me ferait très plaisir, mais je ne suis pas sûr(e) d'être
libre ce jour-là. Je peux te rappeler demain ?* »
« *En principe, ça marche, mais je peux te rappeler pour
confirmer parce que…* » (familier)

▶ **Vous refusez l'invitation :**

« *C'est dommage, c'est impossible parce que…* »
« *Ça tombe mal ! C'est justement ce soir-là que je dois…* »
« *C'est bête, ça tombe juste le jour où il faut que…* »

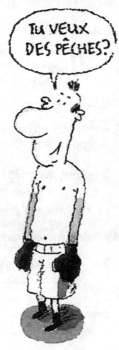

Tu veux des pêches ? :
expression populaire
qui signifie : Tu veux
des coups ? / des gifles ?

3 *Vous vous rendez à un déjeuner ou à un dîner chez des Français*

Conseils

Choisissez le vêtement qui convient au style de l'invitation : robe
habillée pour les femmes et costume-cravate pour les hommes pour
une invitation formelle (éventuellement tenue de soirée pour un dîner
très chic) ; tenue plus simple pour un dîner entre amis (mais en
principe pas de tenue de sport ni de baskets). S'il s'agit d'amis très
proches et non conventionnels, tout (ou presque) est permis !

• Pour un dîner, arrivez à l'heure (mais pas en avance !) car la maîtresse de maison peut avoir préparé des plats qui « *n'attendent pas* ».

• Pour un cocktail, en revanche, ou une soirée dansante, il est d'usage de ne pas arriver à l'heure exacte mais avec un peu de retard.

• Il est courant d'apporter un petit cadeau aux personnes qui vous reçoivent (sauf pour un cocktail) : le plus souvent un bouquet de fleurs, ou encore des chocolats (surtout en hiver)… et éventuellement des bonbons s'il y a des enfants.

✔ Les exclamations de la maîtresse de maison (« *Oh ! il ne fallait pas !* » ou « *Vous n'auriez pas dû !* ») ne signifient pas qu'elle ne voulait pas de cadeau mais exprime conventionnellement un sentiment de surprise plus ou moins feinte et vous fait savoir que, même si vous étiez venu(e) les mains vides, elle aurait eu le même plaisir de vous recevoir.

✔ En France, il n'est pas habituel de faire visiter sa maison aux invités. On les accueille dans l'entrée et on les invite à se débarrasser de leur manteau avant de les introduire au salon où on s'assied un moment pour bavarder.

Un dîner n'est pas seulement l'occasion de découvrir de nouvelles saveurs, et d'apprendre de nouvelles règles de savoir-vivre. C'est aussi, et surtout un moment convivial où chacun fait connaissance, échange des idées.

En France, on peut rester des heures à table car on parle, on parle beaucoup. Les sujets de conversation à éviter sont, en principe, la politique, le sexe et la religion… Mais en fait, on peut parler de tout : la seule règle étant de ne pas heurter la sensibilité des autres invités, de les agresser, ou de les choquer inutilement, ou encore de parler de ses maladies.

En fait, le grand ennemi est… le silence, car un silence prolongé provoque un malaise que la maîtresse de maison s'empresse de dissiper en relançant la conversation.

▶ *Au moment de l'apéritif :*

Avant de passer à table, votre hôte vous proposera sans doute un apéritif en disant :

« *Qu'est-ce que je peux vous offrir ?* »
« *Qu'est ce que vous aimeriez boire ?* »
« *Qu'est-ce que je vous sers comme apéritif ?* »

et il ajoute pour vous permettre de choisir :

« *J'ai du whisky, du gin, du Martini, du porto, des jus de fruits… * »

Vous pouvez répondre :

« *J'aimerais bien un whisky avec du Perrier.* »
« *Je veux bien un petit porto.* » (ou : « *une goutte* » de porto, si vous en voulez très peu.)
« *Pas d'alcool, merci, mais je boirais bien un jus de fruit.* »

Conseils

N'embarrassez pas la maîtresse de maison en lui demandant une
boisson qu'elle n'a pas !
Même si vous voulez un jus d'ananas et qu'elle n'a que du jus
d'orange, dites : « *Un jus d'orange, c'est parfait !* »
Attendez que tout le monde soit servi avant de commencer à boire.

▶ *Quand les invités passent à table :*

Quand la maîtresse de maison annonce « *Nous pourrions passer
à table* », c'est le signal qui indique que le dîner est prêt :
les invités se lèvent et la suivent, puis attendent qu'elle leur
désignent leur place. Ils ne s'assoient que lorsque leur hôtesse
s'est assise.

Observez

• Observez comment en France la maîtresse de maison place
ses invités : à droite du maître de maison, s'assied la femme qui,
soit par son importance sociale, ses liens avec la famille ou son
âge, est considérée comme l'invitée d'honneur.
De même l'invité d'honneur (homme) est placé à droite
de la maîtresse de maison. Puis les autres invités sont répartis
en faisant alterner un homme / une femme, si possible, tout en
tenant compte des centres d'intérêt communs, des personnalités
et des relations entre les personnes.
On évite de placer un mari et une femme l'un en face de l'autre.
Est-ce très différent dans votre pays ?

• Regardez aussi comment la table est mise :

Selon l'importance du dîner, on a un, deux ou trois verres
(dans un déjeuner ou un dîner simple entre amis, on ne met
qu'un verre).
1. Le plus grand verre est pour l'eau.
2. Le verre pour le vin rouge, un peu moins gros.
3. Et celui pour le vin blanc encore moins large.

✔ Il est important de ne pas se tromper de couverts : c'est avec la
fourchette et le couteau de table (AB) placés le plus près de l'assiette
qu'on va manger. Mais s'il y a du poisson, il faut utiliser les couverts
à poisson (CD). Le couteau à fromage, plus petit que le couteau de table,
la fourchette et la cuillère à dessert seront apportés plus tard avec
les assiettes à fromage et à dessert. Quand on a fini de manger,
on place les couverts sur l'assiette et non sur la nappe.

Apprenez aussi à reconnaître :

la fourchette à huîtres

la fourchette à escargots

✔ Si vous voyez une petite coupelle remplie d'eau tiède citronnée
ou de pétales de fleurs à gauche ou à droite des verres, c'est « *un rince-
doigts* ». On y trempe les doigts, qu'on essuie ensuite avec la serviette,
après avoir mangé des crustacés (crevettes, écrevisses, etc.) ou
des asperges.

✔ Si vous ne savez pas comment vous servir de certains ustensiles
(pinces à escargots ou fourchettes à huîtres par exemple), mieux vaut
observer d'abord comment procède la maîtresse de maison et l'imiter…
ou avouer en toute simplicité que c'est la première fois que vous goûtez
à ces plats et que vous vous excusez de votre maladresse. Vos hôtes
seront ravis de vous initier à ces pratiques particulières !

▶ *Pendant le repas :*

QUE FAIRE ?

Que ce soit un dîner très formel ou beaucoup plus simple entre
amis, les règles de politesse à table sont les mêmes.

• Attendez que la maîtresse de maison soit assise. Messieurs,
tirez légèrement la chaise de votre voisine de gauche pour lui
permettre de s'asseoir avant vous.

• Placez votre serviette sur vos genoux et posez vos deux mains, ou plus exactement vos poignets au bord de la table, de chaque côté des couverts.

> **Conseil**
> Ne mettez pas les coudes sur la table et tenez-vous droit sur votre chaise sans vous appuyer sur le dossier.

• On prend bien sûr la fourchette dans la main gauche pour piquer les aliments et le couteau dans la main droite, mais si l'on n'a pas besoin du couteau, la fourchette passe dans la main droite (sauf si on est gaucher !). On s'essuie la bouche avec la serviette quand on a bu.

• Pendant le repas, quand les plats circulent, les hommes doivent les présenter d'abord aux femmes pour qu'elles se servent avant eux. Évidemment, on ne commence pas à manger avant que tout le monde soit servi et que la maîtresse de maison ait elle-même commencé.

• Si l'on doit faire passer un plat ou un objet devant une autre personne, on s'excuse en disant « *pardon !* ».

• Il est impoli de refuser de goûter un plat. Même si on n'aime pas ce mets, il faut absolument en prendre un peu dans son assiette et y goûter pour ne pas insulter la maîtresse de maison… à moins qu'on ait une contre-indication médicale (allergie ou régime). Dans ce cas, on doit s'excuser auprès de la maîtresse de maison en lui expliquant la raison de son refus.

Que dire ?

La maîtresse de maison vous demande de vous resservir d'un autre plat :

« *Vous reprendrez bien un peu de salade ?* »
« *Resservez-vous, je vous en prie…* »

• Si vous acceptez, vous pouvez répondre :
« *Volontiers / Avec plaisir / Je veux bien…* »
en ajoutant un compliment sur le plat :
« *C'est excellent / C'est délicieux / C'est vraiment très bon…* »

• Si vous refusez :
« *Non merci…* [+ compliment]… *mais je n'ai vraiment plus faim.* »
« *Merci, mais j'ai déjà bien mangé.* »
« *J'en ai déjà repris, c'est délicieux, merci non.* »

Attention ! Si la question est négative : « *Vous n'en voulez plus ?* »
et que vous désirez vous resservir, dites :
« *Si, j'en reprendrais bien un petit peu avec plaisir.* » (et non pas
« *oui* »)
« *Je vais en reprendre un peu, mais c'est vraiment par gourmandise !* »
Dans le cas contraire :
« *Non merci, c'est vraiment très bon mais je me suis déjà bien servi(e).* »
ou simplement « *Merci !* » qui, dans ce cas, a un sens négatif,
accompagné éventuellement d'un léger signe de tête de gauche
à droite.

Quelques particularités bien françaises

Le pain

Les Français accompagnent toujours le repas avec du pain qu'on mange avec les plats
ou qui sert à « *pousser* » discrètement les aliments vers la fourchette. Il faut apprendre
à le couper habilement avec les doigts en morceaux assez petits pour pouvoir être avalés
discrètement en une seule fois. En principe, on ne doit pas ramasser sa sauce avec
son pain (« *saucer* »), mais on le fait couramment dans les dîners informels en piquant
le morceau de pain avec sa fourchette.
Le pain accompagne impérativement le fromage.

La salade, les spaghettis, les artichauts et les asperges

Notez qu'en France il est d'usage de ne pas couper la salade mais de la plier habilement
à l'aide de sa fourchette et de son couteau pour pouvoir la manger facilement.
Pour les spaghettis, on les enroule autour de la fourchette comme le font les Italiens.
Quand les artichauts sont présentés en entier, on en détache une à une les feuilles avec
les doigts et on en trempe l'extrémité tendre dans une sauce vinaigrette avant de la
manger (on ne mange pas toute la feuille, évidemment !).
On agit de même avec les asperges dont on ne mange que les extrémités et la partie
tendre.

Les fromages

Apprenez à vous servir de fromage selon la forme qu'ils ont :
Le gruyère, le roquefort et le brie se coupent dans le sens de la longueur. Le camembert
et les autres fromages ronds se coupent en quartiers. Sauf pour le gruyère et le chester,
on ne se sert pas de sa fourchette : on coupe un petit morceau de fromage que l'on pose
sur une bouchée de pain (voir aussi p. 77).
Ne soyez pas surpris(e) si certains fromages sont « *entamés* », c'est-à-dire si on en a
enlevé une petite partie : c'est simplement pour vous permettre de voir l'intérieur
du fromage et d'en juger ainsi la maturité. Notez aussi qu'on ne vous proposera pas
de vous resservir de fromage : le fromage ne passe qu'une fois ! C'est l'usage !

✔ Pas question de quitter la table au cours du repas…
Si on veut aller satisfaire un besoin naturel, on doit
attendre la fin du repas, quand on passe au salon
par exemple. On peut demander alors discrètement
à la maîtresse de maison : « *Où sont les toilettes ?* »…
et non pas « *Où est la salle de bains ?* » car en France
les deux lieux sont généralement séparés et votre
question paraîtrait bizarre !

▶ *À la fin du repas :*

À la fin du repas, la maîtresse de maison peut
proposer de « passer au salon », pour boire
le café ou offrir un « *digestif* » (appelé aussi
familièrement un « *pousse-café* »).
On vous propose alors des alcools forts tels que
de l'armagnac, du cognac, des eaux de vie, mais
aussi des infusions pour ceux qui ne prennent
pas d'alcool. C'est l'occasion de prolonger
la soirée et la conversation.

▶ *À la fin de la soirée :*

• Quand vous jugez qu'il est bientôt temps de
partir, vous pouvez commencer à glisser dans
la conversation des phrases telles que :
« *Il est tard, je crois que nous devrions rentrer.* »
« *Il se fait tard, il faudrait que nous partions.* »

• Le départ doit se faire en douceur… et avant de franchir le pas
de la porte au moment de serrer la main de vos hôtes ou de les
embrasser, remerciez-les encore :
« *Nous avons passé une excellente soirée, merci beaucoup.* »
« *Nous vous remercions pour ce délicieux dîner, cela nous a fait vraiment
très plaisir.* »
Entre amis on peut dire plus simplement :
« *Merci de cette bonne soirée !* »
« *C'était vraiment très sympa…* » (plus familier)

Conseil

Le lendemain, un petit coup de téléphone pour remercier encore sera
très apprécié… Et n'oubliez pas qu'il faut aussi « *rendre les invitations* »,
c'est-à-dire à votre tour accueillir vos invités chez vous, en principe
dans les deux mois qui suivent.

**Inviter des Français
chez vous**

• Respectez les règles
d'usage pour lancer les
invitations selon que vous
organisez un grand dîner, un
cocktail ou un simple repas
entre amis et rappelez-vous
encore que vos invités n'ont
peut-être pas la même
notion de ponctualité que
vous (cf. le chapitre précé-
dent).

• Par contre, recevez vos
invités avec naturel : c'est à
vous de les initier aux
coutumes de votre pays, à
votre cuisine, votre manière
de mettre la table et de
dîner. Ils seront ravis de
découvrir un art de vivre
différent du leur.

Que répondriez-vous si on vous disait…

1. Qu'est-ce que je peux vous offrir ?

2. Resservez-vous, je vous en prie ! (vous acceptez)

3. Vous ne vous resservez pas ? (vous ne voulez pas vous resservir)

3 Vous invitez des Français à déjeuner ou à dîner au restaurant

MENU DU JOUR 59 F MIDI SEULEMENT

Tarte à l'oignon
Bœuf bourguignon
Fromage ou dessert

FORMULE À 98 FRANCS

DÉLICE GASCON
SALADE NORDIQUE

PAVÉ DE RUMSTEAK AU POIVRE
CONFIT DE CANARD

FROMAGE

DESSERT

BRASSERIE

SALADES COMPOSÉES

Salade parisienne	40
(salade, jambon, gruyère, maïs, œuf, tomate)	
Salade niçoise	43
(salade, thon, riz, anchois, olive, œuf, tomate)	
Salade au chèvre chaud	43
(salade, toast, chèvre, noix)	
Salade mixte	40
(salade, tomate, pomme de terre, œuf, jambon)	
Salade auvergnate	48
(salade, tomate, œuf, jambon de pays, pomme de terre)	
Salade nordique	46
(salade, tomate, œuf, saumon fumé)	

BUFFET CHAUD

Omelette nature	28
Omelette au jambon	33
Omelette au gruyère	33
Omelette aux pommes de terre	33
Omelette mixte	38
Omelette complète	42
Oeufs au jambon	38
Raviolis gratinés	36
Francfort avec frites	36

LA CARTE

ENTRÉES

Thon mayonnaise	18
Oeuf mayonnaise	18
Salade de tomates	21
Assortiment de crudités	21
Jambon de Paris	31
Jambon de Bayonne	43
Assiette charcutière	46
Assiette anglaise	48
Rillettes	31
Pâté de campagne	31
Filets de harengs	28
Salade composée	28

PLATS GARNIS

Pavé de rumsteak au poivre	56
Entrecôte au Roquefort	54
Bavette échalottes	53
Steak tartare	58
Andouillette grillée	56
Escalope panée	56
Côte de porc grillée aux herbes	53
Foie de veau persillé	60
Confit de canard	60
Tripes au Muscadet	45
Filets de sole	55

FROMAGES

CAMEMBERT................................. *22*

GRUYÈRE...................................... *22*

CHÈVRE.. *22*

CANTAL... *22*

BLEU D'AUVERGNE *22*

DESSERTS

PÂTISSERIES MAISON *25*

MOUSSE AU CHOCOLAT *25*

CRÈME CARAMEL......................... *23*

CRÊPE... *25*

FROMAGE BLANC *22*

GLACES ET SORBETS

CHOCOLAT LIÉGEOIS *18*

CAFÉ LIÉGEOIS *18*

SORBET POIRE (avec liqueur) *22*

SORBET CASSIS (avec liqueur).... *22*

ASSORTIMENT GLACES
OU SORBETS................................ *22*

MYSTÈRE...................................... *20*

Petit lexique
pour vous aider à lire une carte

Menu du jour : menu à prix fixe servi ce jour-là, comprenant généralement une succession de trois mets imposés (une entrée, un plat, un fromage **ou** un dessert).

Formule : menu à prix fixe, plus copieux, comprenant une liste (restreinte) de mets parmi lesquels on pourra choisir (une entrée, un plat, un fromage **et** un dessert).

Brasserie : série de plats simples froids (salades composées par exemple) ou chauds (omelettes...) que l'on peut se faire servir très rapidement.

Carte : liste de mets de nature variée pouvant être commandés séparément.

Dans une carte, on trouve généralement :

• des entrées ou hors d'œuvre : ces mets sont servis au début des repas.

• des plats garnis (viande ou poisson accompagnés de légumes, de pommes de terre, de pâtes...). Notez que la grillade est une viande grillée sans matière grasse ;

• des fromages (camembert, gruyère, chèvre, roquefort...) ;

• des desserts (gâteau, crème caramel, mousse au chocolat...).

Sur une carte vous pouvez également trouver mentionnés :

– des fruits de mer (coquillages tels que huîtres, moules, clams, etc.) et crustacés (crevettes, crabes, homard, langouste... mais pas de poisson),

– des entremets (crème, compote ou sorbet, de plus en plus servis comme desserts).

Il existe aussi une **carte des vins** : il s'agit de la liste des vins que vous pouvez commander pour accompagner votre repas.

Vous avez choisi votre restaurant. Dans tous les cas, avant d'entrer, vous pouvez consulter le menu affiché à l'extérieur pour voir les plats proposés et les prix afin de ne pas avoir de mauvaises surprises.

▶ *L'arrivée au restaurant :*

Que faire ? Que dire ?

• Exceptionnellement, c'est l'homme qui entre le premier dans un restaurant, avant la femme, ou, plus précisément, c'est celui qui invite qui précède ses invités.

• Selon la catégorie du restaurant, quand vous entrez vous êtes accueilli(e) soit par un garçon ou un maître d'hôtel (restaurant de catégorie supérieure) qui vous demande :
« Vous désirez une table pour combien de personnes ? »
« Combien êtes-vous ? »
« Vous avez réservé ? »

• Suivant le nombre de personnes, il vous propose une table puis vous y accompagne après avoir offert de laisser votre manteau au vestiaire :
« Je peux vous débarrasser ? »
« Puis-je prendre votre vestiaire ? »

• **La commande**

Après avoir déterminé la place de chacun (cf. p. 36), les convives s'installent. Les dames s'asseyent en premier. Le serveur apporte ensuite les cartes : la carte des plats et celle des vins. Dans les restaurants très simples, il n'y a qu'une seule carte. Dans les restaurants chics, la carte que l'on donne aux dames n'a pas d'indication de prix pour ne pas les troubler et les laisser entièrement libres de leur choix ! Le serveur vous laisse tout le temps de faire votre choix. Parfois, il se peut même qu'il semble vous oublier un peu ! Dans ce cas, il suffit, pour attirer son attention, de capter son regard et de l'appeler d'un geste discret de la main en disant *« S'il vous plaît ! »*. Il vient alors vers vous et vous demande : *« Vous avez choisi ? »* ou *« Vous désirez ? »*

Radin, argot : avare.

• On commande d'abord l'entrée, le plat principal et le vin, le choix du dessert viendra plus tard. N'hésitez pas à demander des explications au serveur :

« *Pouvez-vous m'expliquer ce qu'est "Le feuilleté aux 3 fromages" ? »*

« *Qu'est-ce qu'il y a dans "La salade bois joli" ? »*

« *Dans la "coupe glacée", combien de boules y a-t-il ? Quels sont les parfums ? »*

Si l'on a pris un menu, on peut éventuellement demander :

« *Est-ce que je peux prendre un fromage au lieu d'un dessert ? »*

« *Est-il possible de remplacer les frites par des haricots verts ? »*

Demandez aussi des précisions sur les spécialités de la maison : c'est l'occasion de découvrir de nouvelles saveurs !

Cuisson de la viande
En commandant votre viande, précisez le degré de cuisson que vous désirez : « *bleue* » (à peine cuite), « *saignante* » (très peu cuite), « *rose* » (un peu plus cuite), « *à point* » (encore plus cuite) ou « *bien cuite* ».

• **Le choix du vin** est toujours délicat mais le « *sommelier* », spécialiste du vin, est là pour vous conseiller. Dans un couple, ou dans un groupe hommes-femmes, c'est à un homme que revient généralement la tâche de choisir le vin, après avoir consulté les autres convives. Une fois que chacun s'est décidé, il passe la commande :

« *Nous allons prendre deux menus à 120 F et un repas à la carte. »*

« *Pour madame, ce sera une assiette de crudités pour commencer ; et pour moi, un potage aux asperges… »*

▶ *Pendant le repas :*

Dans un grand restaurant, lorsque le sommelier apporte la bouteille de vin, il en verse un peu dans le verre du client qui a passé la commande (celui qui invite) et attend que ce dernier « *hume* » le bouquet, c'est-à-dire sente le parfum du vin, le goûte et fasse un petit signe d'approbation (léger mouvement de la tête) si le vin lui convient. Alors il peut servir les autres convives. Si le vin a un défaut (il sent le bouchon par exemple), le client ne doit pas hésiter à renvoyer la bouteille pour qu'on lui en apporte une autre. Tout au long du repas, les messieurs doivent toujours veiller à servir le vin aux dames car celles-ci ne se servent jamais elles-mêmes.

Apprenez à lire une étiquette de vin

appellation
millésime
V.D.Q.S. :
vin
de qualité
supérieure

catégorie
degré
volume

mise en bouteille

Les grandes familles de vins
Vins d'Alsace : sylvaner, riesling, gewurztraminer (vins blancs)
Vins de Bordeaux : médoc, graves (rouges), sauternes (blancs)
Vins de Bourgogne : beaujolais (rouges), mâcon (rouges et blancs), pouilly (blancs)
Côtes du Rhône : surtout des vins rouges
Vins de Provence : surtout des rosés
Vins du Jura : blancs... et le célèbre vin jaune
Vins de la Loire : muscadet, sancerre, pouilly (blancs), gamay, cabernet (rouges)...
et bien sûr le champagne (blanc, quelquefois rosé, pétillant) !

Les différentes appellations
– un *AOC,* vin d'appellation contrôlée, la classe des très grands vins ;
– un *VDQS,* vin délimité de qualité supérieure, vin de très bonne qualité ;
– un *VCC,* vin de consommation courante, vin de pays ou vin de coupage.

... Et ne manquez pas de goûter au *« beaujolais nouveau »* le troisième jeudi de
novembre. C'est un vin qui ne vieillit pas, mais qu'on boit juste après la récolte.
Dans les cafés, les restaurants, les magasins d'alimentation, on annonce son *« arrivée ».*
Sachez que si vous voulez vous initier à la dégustation des vins, vous pouvez suivre
des stages en France, lire des revues spécialisées ou visiter les caves des *« grands
crus »...*

- On laisse toujours un peu de vin au fond de son verre pour ne pas boire le dépôt (« *la lie*[1] »).

- Qu'on déjeune dans une simple auberge de campagne ou dans un restaurant prestigieux, les règles de politesse à table sont les mêmes (cf. p. 37). Une petite différence cependant : vous n'êtes pas obligé(e) de finir votre assiette comme lorsque vous êtes invité(e) chez des amis. Vous pouvez également renvoyer un plat de viande si vous ne le trouvez pas assez cuit, mais évitez de faire un scandale !

1. L'expression « Boire la coupe jusqu'à la lie » signifie subir jusqu'au bout une épreuve pénible.

Conseil

Il est préférable de ne pas emmener de jeunes enfants dans de très grands restaurants s'ils ne savent pas se conduire comme des adultes bien élevés… et apprécier des mets délicats.

▶ ***À la fin du repas :***

Puisque c'est vous qui invitez, demandez discrètement l'addition :
« *Vous pouvez me donner l'addition s'il vous plaît ?* »
« *Apportez-moi l'addition avec le café s'il vous plaît.* »

Réglez-la tout aussi discrètement en plaçant votre argent, votre carte bancaire ou votre chèque sous la note. Si c'est un déjeuner ou un dîner où chacun participe financièrement, on divise simplement le total par le nombre d'invités, même si chacun a pris des plats différents.

En général, le service est compris, mais vous pouvez ajouter quand même un petit pourboire… et même une somme plus importante si le service a été particulièrement soigné.

Se sucrer : expression très familière qui signifie : faire payer très cher.

Saler une addition : demander un prix exagéré.

RENDEZ-VOUS DANS UN CAFÉ

Les cafés, qu'on appelle aussi familièrement *« bistros »*, sont autorisés à servir des boissons, alcoolisées ou non, à toute heure. On peut y prendre son petit déjeuner avant d'aller travailler. Dans la journée, c'est un lieu de détente où on peut lire le journal (dans de nombreux cafés on prête un quotidien si vous le demandez), un lieu de rendez-vous très pratique pour discuter avec ses amis, parler affaires, ou tout simplement regarder à la terrasse le spectacle de la rue.

Certains cafés à Paris sont connus pour avoir été le lieu de rencontre des artistes et des intellectuels.

Dans d'autres cafés, surtout à la campagne, ce sont les joueurs de cartes qui font des parties interminables autour d'un verre. Le dimanche matin, on peut voir aussi les amateurs de tiercé ou de loto remplir leurs bulletins.

✔ Un spectacle insolite à ne pas manquer et qui a lieu une fois par an en mai : le Marathon des garçons de café de Paris. Vêtus de leurs vêtements traditionnels (en noir et blanc), ils font une course à pied dans les rues de la capitale en portant à bout de bras un plateau chargé de verres et de bouteilles.

Que faire ? Que dire ?

▶ *Vous passez la commande :*
• Pour appeler le serveur, levez la main et dites : *« Garçon ! »* ou *« Monsieur ! »* ou *« S'il vous plaît ! »*. Si c'est une serveuse, *« Mademoiselle ! »* ou *« Madame ! »*. Parfois il/elle est si occupé(e) qu'il est difficile d'attirer son attention.

Quelques cafés parisiens célèbres

Le Procope : c'est le plus ancien café parisien (1686) ; il est situé au Quartier Latin. Voltaire et d'autres philosophes du XVIIIe siècle fréquentaient cette maison où, selon Montesquieu, « l'on apprécie le café de telle manière qu'il donne de l'esprit à ceux qui en prennent ». Les révolutionnaires y ont tenu séance et, bien plus tard, les poètes comme Verlaine y ont bu de l'absinthe.

À Montparnasse se trouvent deux cafés très célèbres : « **La Rotonde** » où venaient discuter Modigliani, Soutine, Chagall, Cocteau, Picasso, Max Jacob, entre autres, et, tout près de là, « **La Coupole** » qui fut le rendez-vous d'écrivains tels que Desnos, Aragon, Hemingway, Miller...

Le quartier de Saint-Germain-des-Prés s'enorgueillit de ses cafés littéraires : Le « **Flore** » et Les « **Deux Magots** ». C'est là que, pendant les années de la guerre et de l'après-guerre, l'on pouvait rencontrer de nombreux écrivains qui s'y réunissaient pour discuter et travailler : Giraudoux, Prévert, Saint-Exupéry et, parmi les plus célèbres, Sartre et Simone de Beauvoir.

• Le serveur peut vous dire :
« *Qu'est-ce que je vous sers ? »*
« *Qu'est-ce que vous prenez ? »*
« *… Et pour madame / mademoiselle /*
monsieur, ce sera… ? »

• Vous passez alors la commande :
« *Je voudrais un café. »*
« *Je vais prendre un thé au citron. »*
« *Pour madame, une menthe à l'eau et pour moi*
(ce sera) un demi. »

▶ *Vous payez :*

Dans la plupart des cafés, on ne vous fait pas payer
tout de suite. On vous laisse simplement un ticket
avec la somme à régler.

• Vous devez rappeler le serveur pour régler votre
consommation. Si vous avez la somme exacte, c'est encore
plus simple : laissez-la sur la table et partez sans avertir
le serveur.

• Le pourboire (15 %) est normalement compris.

Liquide :
de l'argent
en espèces
(billets et pièces).

✔ Ne soyez pas surpris si le prix de la consommation varie selon
les endroits : tout dépend du quartier où est situé le café. Un café
sur les Champs-Élysées à Paris coûte 3 ou 4 fois le prix du « *petit noir* »
(café) pris dans un petit village du centre de la France ! De plus,
consommer au comptoir (« *sur le zinc* », comme on dit familièrement)
coûte moins cher qu'à une table.

À VOUS !

Sauriez-vous commander le café que vous aimez ?

Si vous l'aimez…   **… passez votre commande !**

1. concentré	a. un café allongé
2. en petite quantité	b. un café noisette
3. sans lait	c. un café noir
4. avec une goutte de lait	d. un café double
5. avec de la crème	e. un café au lait
6. avec du lait	f. un café crème (le *capuccino* italien)
7. en grande quantité	g. un café simple
8. peu concentré	h. un café serré (l'*espresso* italien)

Solutions : 1/h – 2/g – 3/c – 4/b – 5/f – 6/e – 7/d – 8/a.

CÉRÉMONIES FAMILIALES

MARIAGE

1 *Vous êtes invité(e) à la cérémonie*

▶ *Vous recevez ce carton d'invitation :*

> Monsieur et Madame de Parceval
> Monsieur et Madame Cogny
>
> *ont le plaisir de vous faire part du mariage de leurs enfants*
> **Stéphanie et Georges.**
>
> *La bénédiction nuptiale leur sera donnée le 14 août 19..*
> *à 16 heures en l'église Saint-Antoine, à Neuilly-sur-Seine.*
>
> 16 allée du Bois   3 rue Colbert
> 92200 Neuilly-sur-Seine   06300 Cannes

OBSERVEZ

• Traditionnellement, comme dans cet exemple, ce sont les parents des futurs mariés qui annoncent l'événement. Il arrive cependant de plus en plus fréquemment que les jeunes mariés envoient des faire-part moins conventionnels en leurs noms propres ou passent une annonce dans un journal comme *Le Figaro*, *Le Monde* ou *Libération* ou un journal local.

• On remarque sur ce faire-part que la cérémonie sera religieuse, qu'elle aura lieu dans une église (rite catholique) où, au cours d'une messe, le prêtre bénira les mariés (« *bénédiction nuptiale* »). C'est le cas de la majorité des Français qui, étant catholiques, se marient souvent religieusement, même s'ils ne sont pas pratiquants. Les mariages catholiques n'ont jamais lieu le dimanche, mais généralement le samedi.

Il faut savoir que cette cérémonie n'est pas reconnue par l'État pour qui seul le mariage civil compte : le couple doit donc se rendre d'abord à la mairie de la ville où habite la jeune mariée pour que le maire les déclare mari et femme, après leur avoir

rappelé les devoirs civils du mariage devant le buste
de Marianne, symbole de la République, et en présence
de deux témoins. À l'issue de la cérémonie, on leur remet
« *le livret de famille* », carnet sur lequel est officialisé l'acte de
mariage et où sera plus tard inscrit l'état civil de chaque enfant
né de leur union. Les enfants porteront le nom de famille
du père. La mariée prend généralement le nom de son mari,
mais peut aussi garder son nom de jeune fille.

Seule la famille ou les amis proches assistent généralement
au mariage civil s'il y a également une cérémonie religieuse.

Que faire ? Que dire ?

▶ *Vous acceptez l'invitation :*

• **Vous répondez par écrit** si vous n'avez pas de relations très
étroites avec la famille :

– carte de visite aux parents
    du marié ou de la mariée :

– carte
    aux futurs époux :

> Monsieur et madame Clément
>
> *vous adressent toutes leurs félicitations
> et vous prient de transmettre
> tous leurs vœux de bonheur
> aux futurs mariés.*

> Monsieur et Madame Damian
>
> *vous adressent tous leurs vœux
> de bonheur et seront heureux
> d'être parmi vous le 14 août.*

– lettre personnelle si vous entretenez des relations amicales :

> *Chère Stéphanie,*
>
> *Quelle joie d'apprendre que tu te maries ! Nous serons heureux
> d'être parmi vous en ce grand jour [...].*
>
> *Nous avons hâte de faire la connaissance de l'heureux élu [...].*
>
> *Nous serons très émus d'assister à la cérémonie. [...]*
>
> *Nous aimerions vous faire un petit cadeau... Qu'est-ce qui vous
> ferait plaisir ?*

• **Vous répondez par un coup de téléphone,** si vous entretenez des relations familières avec ceux qui vous invitent.

✔ Le choix d'un cadeau de mariage

Vous pouvez :
– soit acheter directement un cadeau qui correspond aux goûts des mariés ;
– soit leur demander le nom du ou des magasins où ils ont déposé *« leur liste de mariage ».* En effet, il est de plus en plus courant que les futurs mariés sélectionnent dans des magasins des cadeaux qu'ils aimeraient recevoir. Il vous suffit alors de téléphoner ou de vous rendre dans ce magasin pour choisir à votre tour ce que vous voulez leur offrir suivant vos goûts et votre budget ou de simplement remettre un chèque qu'ils utiliseront comme bon leur semblera.

▶ *Vous ne pouvez pas vous rendre au mariage :*

• **Réponse écrite**

« Nous sommes vraiment désolés de ne pas pouvoir assister à la cérémonie, mais nous penserons beaucoup à vous en ce grand jour. »

Conseil
Envoyez un télégramme de félicitations le jour de la cérémonie ou encore faites livrer un bouquet de fleurs (blanches de préférence) au domicile de la mariée la veille de la cérémonie avec une carte de visite.

Monsieur et Madame Darwin
vous souhaitent à tous deux beaucoup de bonheur

Monsieur et Madame Oshitawa
avec tous leurs vœux de bonheur

• **Réponse par téléphone**

« Allô ! Bonjour ! Madame Oshitawa à l'appareil… Nous avons été très heureux d'apprendre la nouvelle du mariage de Stéphanie… Toutes nos félicitations ! Nous sommes vraiment désolés de ne pas pouvoir assister à la cérémonie car nous ne serons pas à Paris ce jour-là, mais nous penserons beaucoup à vous. Nous aimerions offrir un petit cadeau aux jeunes mariés… Où ont-ils déposé leur liste ?… Transmettez-leur encore tous nos vœux de bonheur. »

2 Vous assistez à la cérémonie du mariage

• Traditionnellement c'est d'abord le marié qui entre dans l'église au bras de sa mère. Puis vient le tour de la famille et des invités, et enfin celui de la mariée, vêtue de blanc, au bras de son père.

✔ Elle est souvent suivie de demoiselles et de garçons d'honneur – de jeunes enfants qui tiennent son voile ou simplement l'accompagnent et symbolisent ainsi les futurs enfants du couple.

• Au cours de la cérémonie qui dure environ une heure, les jeunes mariés échangent des « *alliances* », simples anneaux d'or qu'ils porteront à la main gauche en signe d'engagement.

• À la sortie de l'église, les mariés et la famille restent un moment sur le parvis de l'église pour que les photographes immortalisent ce grand événement.

✔ On jette souvent du riz sur les mariés en signe de porte-bonheur au son des cloches qui carillonnent. Puis le couple monte dans une voiture ornée de fleurs, de rubans et de morceaux de tulle blanc (morceaux du voile de la mariée) suivi par les invités qui klaxonnent bruyamment.

Que faire ? Que dire ?

• Suivez le mouvement, c'est-à-dire entrez en même temps que les autres invités, ne vous placez pas dans les premiers rangs qui sont réservés à la famille proche, observez une attitude de silence et de recueillement.

• À la fin de la cérémonie, ne restez pas devant l'entrée de l'église pour éviter d'entrer dans la photo de famille !… et n'essayez pas de parler aux mariés : ce n'est pas le moment !

Conseils
Bien sûr, vous devez être habillé(e) correctement : costume et cravate pour les hommes et tenue élégante pour les femmes. Inutile de dire que vous ne devez pas arriver avec votre cadeau sous le bras !…

Dans les autres religions

• Chez les **protestants** le mariage a lieu au temple où le pasteur unit les époux qui prennent à haute voix des engagements réciproques. À l'issue de la cérémonie le couple reçoit « une bible » de famille qui servira à l'étude des textes saints et des prières familiales.

• Les **juifs** se marient à la synagogue ou chez leurs parents. Les nouveaux époux se placent sous un dais – un « houpa » – et le rabbin prononce les bénédictions nuptiales.

• Les époux **musulmans** ne se voient qu'à la fin de la cérémonie nuptiale car la plus grande partie de la journée est consacrée à la préparation de la mariée : habillée, maquillée, coiffée avec grand soin par d'autres femmes, accompagnée de musique et de chants.

3 Vous êtes invité(e) à la réception qui suit le mariage

Madame de Parceval et Madame Cogny

recevront à l'issue de la cérémonie au Pré-Joli
54 avenue du Bois, Neuilly-sur-Seine
à partir de 19 heures.

16 allée du Bois
92200 Neuilly-sur-Seine

3 rue Colbert
06300 Cannes

RSVP

✔ Observez que ce sont les mères des mariés qui reçoivent et notez la mention RSVP = Répondez s'il vous plaît.

Que faire ? Que dire ?

▶ **Vous répondez :**

Faites-le assez rapidement pour laisser le temps à vos hôtesses de prévoir le nombre d'invités. Envoyez soit une lettre, soit une carte de visite à la mère de la mariée ou du marié.

✔ Si vous connaissez très bien les mariés, vous pouvez aussi accepter par téléphone.

• Réponse positive :

Chers ...

Je vous adresse toutes mes félicitations à l'occasion du mariage de Stéphanie et c'est avec beaucoup de plaisir que je me rendrai à votre invitation pour embrasser les jeunes mariés et leur souhaiter de vive voix tout le bonheur du monde.

Ariane Lassort

ravie d'apprendre la nouvelle du mariage de Stéphanie, vous remercie de votre invitation à laquelle elle sera heureuse de se rendre.

• Réponse négative :

> Monsieur et Madame Blanc
> vous remercient de votre invitation à laquelle
> ils regrettent de ne pouvoir se rendre
> et vous prient de transmettre aux jeunes
> mariés tous leurs vœux de bonheur.

▶ *Vous allez à la réception :*

Parents et amis se retrouvent pour boire le champagne, se régaler, discuter et danser. C'est souvent un cocktail où tout le monde peut circuler librement.

✔ Sur le buffet trônera sans doute la *« pièce montée »*, gâteau traditionnel se présentant sous la forme d'une pyramide de choux à la crème couverts de caramel, surmontée de deux petits personnages représentant les mariés. On vous offrira aussi des dragées, sortes de bonbons composés d'amandes enrobées de sucre durci (attention aux dents !).

QUE FAIRE ? QUE DIRE ?

• N'arrivez pas à l'heure précise indiquée sur le carton mais un peu plus tard.

• Félicitez les jeunes mariés avant de vous précipiter sur le buffet et n'oubliez pas de remercier votre hôtesse (la mère du marié ou de la mariée).

• Sachez vous présenter aux autres invités en vous situant par rapport aux jeunes mariés : *« Je suis un(e) collègue de travail / un(e) ami(e) du marié / de la mariée… »*

La jarretière de la mariée

Peut-être aurez-vous l'occasion d'assister à cette coutume bien française et très particulière qui tend à disparaître.
Une jarretière est une bande de tissu élastique qui maintient les bas. En cette occasion exceptionnelle, la mariée porte une jarretelle sur la jambe. Au cours de la réception, cette jarretelle est vendue « aux enchères américaines ». Chaque fois qu'un homme met une somme d'argent, la mariée remonte discrètement la jarretière sur sa jambe, et chaque fois que c'est une femme qui renchérit, elle l'abaisse un peu. Celui qui gagne, en donnant la somme la plus élevée, a le droit de retirer la jarretelle. Cette tradition a le mérite d'animer la soirée et d'apporter de l'argent au jeune couple pour leur voyage de noces.

Autres cérémonies autour du mariage

– Avant le mariage, **les fiançailles** : c'est une cérémonie familiale qui précède le mariage au cours de laquelle le jeune homme (*« le fiancé »*) offre une bague à sa future épouse (*« la fiancée »*), pour marquer son engagement.

– Après, bien après le mariage, les mariés qui ne sont plus de « jeunes mariés » peuvent avoir envie de se remémorer le grand jour : ils fêtent alors leur **anniversaire de mariage** (voir p. 89).

BAPTÊME, COMMUNION, PROFESSION DE FOI

Observez

Le baptême

• Même si de nombreux catholiques français ne sont pas pratiquants, ils continuent à observer des rites tels que le baptême, et, plus rarement cependant, la communion et la profession de foi. Ce sont simplement des occasions pour certains de réunir la famille et les amis.

• Le baptême est un sacrement qui marque l'entrée de l'enfant dans la communauté religieuse : en versant un peu d'eau sur le front de l'enfant, le prêtre fait de lui un enfant de Dieu. Les parents choisissent parmi les membres de leur famille ou parmi leurs amis une « *marraine* » et un « *parrain* » qui s'engagent, lors de cette cérémonie du baptême à veiller avec eux à l'éducation religieuse de leur enfant. En principe, le « *parrain* » et la « *marraine* » doivent être prêts à remplacer les parents au cas où ceux-ci viendraient à décéder. En fait, ils sont bien souvent pour leur « *filleul(e)* » seulement des personnes généreuses qui leur offrent des cadeaux en de multiples occasions (anniversaire, Noël, réussite aux examens, etc.) et/ou avec qui ils entretiennent des relations privilégiées.

La communion

Quand l'enfant a sept ans, « *l'âge de raison* », il reçoit le sacrement de l'Eucharistie : parents, parrains, marraines et amis assistent à cette cérémonie qu'on appelle « *la communion privée* ».

La profession de foi

Quelques années plus tard, la famille se réunit de nouveau autour de l'adolescent qui renouvelle l'engagement religieux qu'avaient pris en son nom son parrain et sa marraine : il fait sa « *profession de foi* ». Autrefois appelée « *communion solennelle* », cette cérémonie revêtait alors un caractère assez spectaculaire : les jeunes filles ressemblaient à de véritables petites mariées dans leurs belles robes blanches remplacées aujourd'hui par des « *aubes* », vêtements d'une simplicité monastique.

Que faire ? Que dire ?

• Sachez que c'est une grande marque d'amitié que d'être convié(e) à ces cérémonies familiales qui, après l'église, se fêtent autour d'un bon repas. Lorsque vous ne pouvez pas accepter l'invitation, écrivez un petit mot gentil et envoyez des fleurs (de couleur pâle) le jour de la cérémonie.

• Si vous pouvez vous rendre à la cérémonie et au repas, apportez un petit cadeau à l'enfant. Pour la première communion et la profession de foi choisissez un cadeau adapté à son âge, mais ni jouet ni vêtement. Vous aurez vous aussi droit à un cadeau car, dans ces occasions, la coutume est d'offrir aux invités des « *dragées* » (amandes couvertes de sucre durci) roses, si c'est une petite fille que l'on fête, bleues, si c'est un petit garçon... et blanches pour l'un ou l'autre !

– Les « *communiants* » vous offriront peut-être en souvenir une « *image pieuse* » au dos de laquelle seront imprimés leur nom et la date de la cérémonie.

– Votre tenue vestimentaire doit bien sûr être, dans toutes ces occasions, soignée, correcte et sans extravagance.

Dans les autres religions

• Chez les protestants, le **baptême** n'est pas obligatoire. L'enfant peut être simplement présenté au temple et, éventuellement, être baptisé plus tard. Comme le jeune catholique, mais un peu plus tard vers 16 ou 17 ans, le jeune protestant fait sa « **confirmation** » pour réaffirmer son engagement religieux.

• Pour le petit garçon juif comme pour le petit musulman, la cérémonie de la **circoncision** marque son entrée dans la communauté religieuse.
Le samedi précédant ses 13 ans, le jeune juif célèbre le « **Bar-Mitzwah** » : en présence de ses parents et de toute la communauté, il lit les textes sacrés de la Torah.

• Au cours d'une grande fête de famille, le jeune musulman, âgé de 12 ans, observe pour la première fois le « **Ramadan** », pratiquant le jeûne pendant un mois, du lever au coucher du soleil.

JE VOUS PRÉVIENS, COMME CHIEN, JE SUIS PAS UN CADEAU !

DÉCÈS

▶ *Vous recevez un faire part :*

Monsieur Paul Haudencourt
Monsieur et Madame Valvert et leurs enfants
Monsieur et Madame Garety

ont la douleur de vous faire part du décès de
Madame Paul Haudencourt
née Élisabeth Lornier
Survenu à Paris le 16 mai 19..

L'inhumation aura lieu au cimetière de Fontenay-sous-Bois à 16h,
le mardi 21 mai 19.. après une cérémonie religieuse en l'église
Saint-Jean à Vincennes à 14h30.

40 rue Defrance
94300 Vincennes

OBSERVEZ

Traditionnellement ce sont les membres de la famille qui
annoncent le décès (la mort) : dans cet exemple il s'agit
probablement du mari et des filles de la « *défunte* » (la personne
qui est morte). Ce carton bordé de noir est envoyé aux parents
et amis. Si la personne disparue avait de nombreuses relations
ou une certaine notoriété, la famille peut aussi faire passer une
annonce dans un journal comme *Le Monde* ou *Le Figaro* ou dans
un journal régional.

On évite de prononcer le mot « *mort* ». On préfère parler
de « *décès* » ou de « *disparition* ». De même, on parlera des
« *obsèques* » plutôt que de « *l'enterrement* », de « *l'inhumation* »
au lieu de « *la mise en terre* ».

Quand il est mentionné sur le carton que « *La cérémonie aura lieu
dans la plus stricte intimité* », cela signifie que seule la famille ou les
personnes très proches y sont invitées.

Que faire ? Que dire ?

▶ *Vous répondez au faire-part :*

• **Par écrit**

Dans les 48 heures
vous devez envoyer,
– soit une carte de visite :

Monsieur et Madame Matsumoto

profondément touchés par le deuil
qui vous frappe vous présentent
leurs sincères condoléances et l'assurance
de leur fidèle amitié.

60 avenue Foch
75016 Paris   Tél. 40 22 16 12

– soit une lettre plus personnelle pour montrer à la famille que
vous vous associez à sa douleur :

Paris, le 18 mai 19..

Cher Paul,

*C'est avec beaucoup d'émotion que nous venons d'apprendre que
notre chère Élisabeth vient de nous quitter. Nous voulons vous dire
à quel point cette terrible nouvelle nous bouleverse et combien nous
nous associons à votre chagrin.*

[On peut évoquer ensuite un souvenir, ou parler de la
personnalité de la disparue ou encore, si on partage les mêmes
croyances religieuses, faire allusion au réconfort de la religion.]

*Nous serons auprès de vous le 21 mai pour que notre amitié vous
accompagne dans cette douloureuse épreuve et vous présentons nos
très sincères condoléances.*

Signature

Si vous ne pouvez pas assister à la cérémonie :
« *Nous ne pourrons malheureusement pas être présents le 21 mai, mais
nous serons avec vous par la pensée… »*

▶ *Vous assistez à la cérémonie :*

• **À l'église**

S'il s'agit d'un enterrement religieux
catholique, la cérémonie commence avec
l'arrivée, devant l'église, du « *corbillard* »
(fourgon dans lequel est transporté
le « *cercueil* ») suivi en voiture par la famille
du défunt. Parents, amis et relations
attendent sur le parvis de l'église.
Le cercueil, porté dans l'église, précède
le cortège des parents les plus proches
du défunt. Une fois que la famille a pénétré
dans l'église, vous pouvez à votre tour y
entrer.

Au cours de la messe a souvent lieu une
bénédiction : chaque personne présente fait
le signe de croix au-dessus du cercueil avec
un « *goupillon* », sorte de tige en métal
au bout arrondi, qu'on trempe dans l'eau
bénite et qu'on passe à la personne suivante,
une fois ce rite religieux accompli. Observez
les autres et faites de même.

• **Au cimetière**

Après la cérémonie religieuse, le cortège
se dirige vers le cimetière en voiture ou,
plus traditionnellement si on est dans une
petite ville ou un village, à pied.

Si le faire-part n'a pas mentionné que l'inhumation se faisait
« *dans la plus stricte intimité* », il est d'usage d'accompagner
le défunt dans sa « *dernière demeure* ». C'est là, au cimetière,
qu'après la mise en terre la famille reçoit « *les condoléances* »,
c'est-à-dire le témoignage de sympathie des parents et amis :
on serre la main des membres proches de la famille du défunt
(mari / femme / enfants) en leur disant « *Toutes mes
condoléances* ». Dans le cas de relations très amicales
on peut les embrasser sur les deux joues et leur dire des mots
de réconfort plus personnels. À chacun de trouver l'attitude

Dans les autres religions

• Les **protestants** célèbrent un
culte spécial lors de la « *mise en
bière* » (quand le corps est placé
dans le cercueil) au cours duquel
le pasteur, les proches parents et
amis prient.

• Chez les **juifs**, la famille et les
amis accompagnent le défunt
directement de sa maison au
cimetière où le rabbin prononce
les phrases rituelles. On ne
fleurit pas la tombe, mais chaque
personne peut déposer sur la
pierre tombale un petit caillou
pour marquer son passage. Puis,
pendant une semaine, parents et
amis se réunissent au domicile
du défunt pour prier.

• La tombe d'un **musulman** doit
être orientée vers la Mecque et
être aussi simple que possible.
Au moment de la mise en terre
on prononce une phrase rituelle,
et après l'enterrement une des
personnes présentes doit lire des
textes qui doivent aider le mort
à répondre aux questions que
les anges lui poseront.

et les mots justes dans cette situation délicate. Cette présentation des condoléances a parfois lieu à l'église avant le départ pour le cimetière.

Il est cependant fréquent maintenant que pour éviter ce pénible moment, la famille préfère que les personnes présentes signent simplement un « registre », livre placé à l'entrée de l'église.

Lorsqu'il s'agit d'un enterrement civil, la cérémonie a lieu directement au cimetière. Généralement une ou plusieurs personnes prononcent un discours pour évoquer la mémoire du défunt. Chacun jette ensuite sur le cercueil déjà descendu en terre une fleur ou une poignée de terre en guise d'adieu. S'il s'agit d'une incinération, la cérémonie a généralement lieu au « columbarium », lieu où sont placées les urnes contenant les cendres des défunts.

• Après la cérémonie

Une fois la cérémonie finie, la famille organise souvent un dîner de famille ou prépare quelques boissons à offrir aux personnes qui sont venues de loin. Si vous êtes convié(e) à ce partage, on vous le dira de vive voix, sinon vous pouvez partir.

✔ Quelques règles de savoir-vivre

– Une tenue vestimentaire sobre et sombre est de rigueur pour assister à un enterrement… ce qui ne veut pas dire que vous devez être habillé(e) en noir de la tête aux pieds. Vous pouvez porter du gris, du bleu marine, du marron et d'autres tons discrets.
– L'envoi de fleurs est aussi un geste apprécié, que vous soyez ou non présent aux obsèques, à moins qu'il ne soit mentionné sur le faire-part « Ni fleurs ni couronnes ». Les fleurs doivent être livrées soit au domicile du disparu au moins une heure avant la cérémonie, soit directement à l'église accompagnées d'une carte de visite.

6

AU TRAVAIL

À L'UNIVERSITÉ

1 Vous allez étudier dans une université française

• Sachez tout d'abord qu'un(e) étudiant(e) étranger(ère) désirant faire des études dans une université française doit, en règle générale, remplir un **dossier de pré-inscription** qu'il peut obtenir à l'ambassade ou au consulat de son pays d'origine ou directement à l'université s'il/si elle habite déjà en France.

L'année universitaire commence en octobre ou novembre et se termine en juillet. Ce dossier doit être retiré entre le 1ᵉʳ décembre et le 15 janvier et envoyé avant le 1ᵉʳ février précédant l'année universitaire. C'est dire qu'il faut être prévoyant pour ne pas perdre une année inutilement.

• Si vous avez déjà obtenu des diplômes dans votre pays, vous devez les présenter pour que l'université décide des équivalences qu'elle peut vous accorder en France.

• Quand votre dossier est accepté, vous êtes convoqué pour passer un test linguistique dans le pays où vous avez fait votre demande, sauf si c'est un pays francophone.

Un étudiant doit avoir, comme tout étranger, une carte de séjour.

▶ *Premiers contacts :*

Arrivé(e) à l'université, vous vous sentirez peut-être d'abord un peu perdu(e). Ne vous découragez pas, posez des questions précises pour obtenir tous les renseignements qui vous sont nécessaires et informez-vous également auprès des étudiants français.

Les études dans une université française

Elles sont divisées en 3 cycles :
– le premier cycle, 2 ans d'études, mène au **DEUG**, diplôme universitaire général ;
– le 2ᵉ cycle dure aussi 2 ans : à la fin de la première année on peut obtenir sa **licence** et l'année suivante sa **maîtrise**... si l'on réussit ses examens bien sûr !
– dans le 3ᵉ cycle, on prépare en un an un **DESS** (diplôme d'études supérieures spécialisées) ou un DEA (diplôme d'études approfondies). On peut ensuite continuer pour préparer un **doctorat de 3ᵉ cycle**.

▶ *Communiquer
avec les étudiants français :*

Comme tous les étudiants du monde entier,
les étudiants français ont leur argot. Voici
quelques expressions souvent utilisées :

– « *Tu vas à quelle fac ?* »
= À quelle université vas-tu ?

– « *J'ai séché le cours.* » = Je ne suis pas allé
au cours. (« *Sécher* » signifie aussi ne pas
savoir répondre à un examen ou à une
interrogation.)

**Quelques termes utiles
à connaître**

– Une **UV** est une « *unité de valeur* ».
Dans une année, l'étudiant a
plusieurs UV à présenter.
Certaines obligatoires, d'autres
qu'on peut choisir. Par exemple,
en psychologie, on peut avoir une
UV de biologie, une de statistique,
une de psychologie sociale, etc.

– Le **contrôle continu** est un
système qui permet d'obtenir
une UV en faisant la moyenne
des notes obtenues tout le long de
l'année, alors que le contrôle final
est un examen que l'on passe à la
fin de l'année grâce auquel on
obtient ou non l'UV.

– Un **TD** est un « *travail dirigé* »,
c'est-à-dire un cours obligatoire
avec un nombre limité d'étudiants.

– Les **TP** sont des « *travaux
pratiques* » qui fonctionnent en
groupes restreints comme les TD.

– La **BU** est la bibliothèque
universitaire.

– Le **Resto U** est le restaurant
universitaire.

– « *Il a été collé.* » / « *Il s'est planté.* » = Il n'a pas réussi son examen.

– « *Il faut vraiment bûcher.* » = Il faut vraiment travailler dur.

… Ils ont aussi tendance à raccourcir les mots : « *biologie* »
devient « *bio* », « *examen* » « *exam* », « *préparation* » « *prépa* », etc.
Mais le jargon des étudiants varie selon les générations et peut
se démoder très vite. À vous d'écouter et de demander des
explications quand vous ne comprenez pas.

Conseil
N'oubliez pas enfin qu'on se tutoie entre étudiants, mais qu'on
vouvoie ses professeurs et qu'on s'adresse à eux en les appelant
simplement « *madame* » ou « *monsieur* ».

DANS UNE ENTREPRISE

1 *Vous travaillez dans une entreprise française*

Chaque entreprise a son style particulier. C'est pourquoi il est difficile de donner des règles précises de comportement. En observant la manière d'agir des autres employés, chacun doit être capable de découvrir ce qu'on attend de lui.

QUE FAIRE ? QUE DIRE ?

▶ *Premiers contacts :*

• Tout d'abord apprendre à se présenter en indiquant son nom et sa fonction, à serrer la main ni trop mollement, ni trop durement, à sourire sans être obséquieux ou hypocrite.

• Vouvoyez toutes les personnes que vous rencontrez : vous aurez le temps, si vos relations deviennent plus amicales, de les tutoyer plus tard. Mais il est peu probable, sauf exception, que vous tutoyiez un jour votre patron ou votre secrétaire : c'est une question de hiérarchie. Une trop grande familiarité, même si elle part d'un bon sentiment, est souvent interprétée comme un manque d'éducation. Soyez courtois et discret : ne brusquez rien.

▶ *S'intégrer dans l'entreprise :*

• Chaque entreprise développe sa propre culture : son langage particulier, ses rites, ses systèmes d'évaluation. C'est en vivant dans l'entreprise et en observant les autres qu'on parvient à comprendre la signification des comportements.

• Travailler dans une entreprise c'est aussi apprendre à vivre en groupe : si vos collègues ont l'habitude de faire une pause-café, ne refusez pas systématiquement de vous joindre à eux (même si vous n'aimez pas le café !). C'est l'occasion d'avoir des échanges et de nouer des liens dans une atmosphère détendue. Ne tombez pas dans l'excès inverse en voulant inviter tous vos collègues chez vous alors que vous les connaissez à peine.

De même, attendez d'être invité(e) par votre supérieur avant de l'inviter chez vous… et ne vous vexez pas s'il ne le fait jamais : peut-être ne désire-t-il pas mêler sa vie personnelle à sa vie professionnelle ou ne veut-il pas risquer de provoquer la jalousie des autres. Les invitations doivent se faire naturellement à partir d'un intérêt commun non professionnel : pratique d'un sport, sortie au cinéma, excursion, etc. Il faut éviter cependant, si vous avez des relations très amicales avec certain(e)s de vos collègues pendant vos loisirs, que cela affecte votre travail ou crée des tensions (formations de « *clans* », médisances, etc.).

• Les hommes doivent rester courtois et ne pas avoir une attitude ambiguë envers leurs collègues femmes et vice-versa.

• Il est d'usage de participer aussi à des cadeaux entre collègues : naissance, mariage, départ à la retraite. On fait passer une enveloppe et chacun y met la somme qu'il désire, généralement en fonction de son salaire. Certaines entreprises organisent aussi une petite fête pour Noël où sont conviés les enfants des employés qui reçoivent des cadeaux offerts par l'entreprise… Autant d'occasions de créer des liens plus amicaux entre collègues et d'apprendre à mieux s'apprécier.

▶ *Organiser un déjeuner ou un dîner d'affaires :*

• Pour les déjeuners, l'heure la plus courante est 13 heures. Vous devez arriver un peu à l'avance pour pouvoir accueillir vos invités. Lorsque ceux-ci arrivent, vous faites les présentations, puis les placez selon les règles de bienséance (cf. p. 36) en tenant compte aussi de votre stratégie (qui va discuter avec qui ?). Vous leur laissez tout le temps de choisir tranquillement leur menu.

Juteux : qui rapporte beaucoup d'argent.

MON FRUIT A L'AIR JUTEUX! COMME NOTRE CONTRAT!

• La conversation porte d'abord sur des sujets variés non professionnels : cadre du restaurant, vins, sujets d'actualité, etc. Puis c'est à vous de la diriger petit à petit avec habileté pour que soient abordées au plat principal les affaires dont vous voulez traiter. Au dessert vous devriez arriver à la conclusion, mais il n'est évidemment pas question de signer un contrat à table !

Pour cela, fixez un autre rendez-vous à une date ultérieure, à votre bureau. Demandez l'addition immédiatement après (ou même avec) le café et réglez. Au moment de quitter vos invités, rappelez-leur discrètement par quelques phrases les conclusions auxquelles vous êtes arrivés et la prochaine étape de vos négociations (autre rendez-vous ou signature de contrat).

2 *Vous assistez à une réunion de travail*

Il y a réunions et réunions : sachez faire la différence entre une grande réunion où vont être prises d'importantes décisions
et une simple mise au point nécessaire à la bonne marche de l'entreprise : le nombre de personnes convoquées, leur fonction dans l'entreprise, « *l'ordre du jour* » (c'est-à-dire ce dont on va discuter), la manière d'annoncer la réunion (délai, annonce écrite ou faite oralement) sont autant d'indices qui vous permettent de juger de l'importance d'une réunion et de vous y préparer.

Que faire ? Que dire ?

• La **ponctualité** est de rigueur. S'il s'agit d'une réunion importante, il est même recommandé d'arriver un peu en avance : c'est l'occasion, en attendant que le supérieur arrive, de discuter avec vos collègues et d'échanger des informations.

• Une **tenue vestimentaire correcte** est recommandée : veste, et souvent cravate, pour les hommes, tenue classique et de bon goût pour les femmes.

• Lorsque **vous entrez dans la salle de réunion**, ne vous précipitez pas pour vous asseoir. Généralement la personne qui mène le débat désigne la place aux participants, sinon ceux-ci se placent spontanément près de ceux avec qui ils travaillent en étroite collaboration. Dans tous les cas, la politesse veut qu'on s'assoie après le supérieur hiérarchique qui habituellement préside en bout de table ou au centre, entouré de ses proches collaborateurs.

S'il arrive qu'il y ait des retardataires, on peut leur accorder cinq minutes de grâce qui sont l'occasion pour ceux qui sont présents de bavarder d'une manière moins formelle.

• Les Français ont parfois la réputation de poser des questions sans vraiment écouter les réponses et de se couper la parole : ne faites pas comme eux !

• Si c'est vous qui exposez un point de vue, structurez votre discours.

– **Vous annoncez les différents points de votre exposé :**

« *Tout d'abord…* »
« *En premier lieu…* »
« *Puis…* »
« *Ensuite…* »
« *De plus…* »
« *Enfin…* »
« *Pour conclure…* »

• Si vous voulez marquer la fin de votre discours, vous pouvez dire un simple « *Voilà !* » pour indiquer aux autres qu'ils peuvent prendre la parole.

– **Vous donnez votre avis :**

« *Il me semble que…* »
« *En ce qui me concerne, je pense que…* »
« *Pour ma part…* »
« *À mon avis…* »
« *À vrai dire, je crois que…* »
« *Si vous voulez mon point de vue…* »

– **Vous demandez l'avis des autres :**

« *Qu'en pensez-vous ?* »
« *Qu'en dites-vous ?* »
« *Et vous, Monsieur X, j'aimerais connaître votre avis sur la question.* »

– **Vous approuvez :**

« *Oui, c'est ça !* »
« *Vous avez raison.* »
« *Je partage (tout à fait) votre point de vue.* »
« *Tout à fait !* »
« *Parfaitement !* »

« Effectivement… »
« Je suis (totalement) de votre avis. »
« Je suis (entièrement) d'accord avec vous ! »

– **Vous désapprouvez** (du plus diplomatique au plus catégorique) :
« Permettez-moi d'émettre des réserves… »
« Je ne vous rejoins pas sur ce point. »
« Ce n'est pas mon point de vue. »
« Je ne suis pas (entièrement) de votre avis. »
« Je ne suis pas vraiment d'accord avec vous. »
« Je ne vous approuve pas. »
« Pas du tout ! »
« Absolument pas ! »
« Jamais de la vie ! »
« En aucun cas ! »
« Pas question ! »

– **Vous demandez à votre interlocuteur de reformuler sa pensée :**
« Je crois que je n'ai pas bien saisi ce que vous venez de dire… »
« Sauf erreur de ma part, vous avez bien dit que… ? »
« Qu'entendez-vous par… ? »
« Que voulez-vous dire par… ? »

– **Sachez interrompre poliment un interlocuteur trop bavard :**
« Excusez-moi mais je dois vous dire que… »
« Permettez-moi de vous interrompre quelques instants, mais… »
« Si je puis me permettre, j'ai deux mots à dire à ce sujet… »
« Vous permettez ?… » (peut être aussi utilisé pour garder la parole quand quelqu'un ne vous laisse pas parler et vous interrompt sans cesse.)

– **Vous passez à une autre sujet :**
« Ceci dit… »
« Bref, passons… »
« Bon, à part cela, … »

Une fois la réunion finie, les apartés commencent ; ils sont le prolongement des discussions et se révèlent être parfois très intéressants : par exemple si le PDG (président directeur général) vous parle en particulier, soyez très attentif(ve) à cette marque d'attention qu'il vous porte.

7

DANS LES LIEUX PUBLICS

DANS LES MOYENS DE TRANSPORT

1 *Vous prenez le métro ou le RER*
(Réseau Express Régional)

Observez

• Ne vous étonnez pas si les Parisiens ne sont pas très souriants dans le métro : le stress des grandes villes fait souvent oublier les règles de politesse ; on se bouscule, absorbé dans ses pensées, pressé de se rendre au travail, prisonnier de la routine quotidienne « *métro, boulot, dodo* ».

• Dans les compartiments, il se peut que vous soyez sollicité(e) par des chômeurs (personnes qui n'ont pas de travail), des SDF (personnes sans domicile fixe, c'est-à-dire n'ayant plus de logement) pour acheter un journal ou donner un peu d'argent. Cette pratique, bien qu'illégale, est tolérée. C'est à vous de juger si vous voulez faire un geste, mais bien sûr un sourire ou un regard ne coûte pas grand chose…

Un ticket de métro s'achète à l'unité ou par carnet de 10 tickets.

Que faire ? Que dire ?

Il faut s'adapter au rythme trépidant des Parisiens : après quelques jours à Paris, vous prendrez l'habitude de marcher comme eux d'un pas rapide, droit devant vous, le long des interminables couloirs des « *correspondances* » (points de jonction entre deux lignes de métro).

Quelques règles de « savoir-vivre »

• **Vous entrez dans le wagon :**
Avant de vous asseoir, vérifiez si la place n'est pas « *prioritaire* », c'est-à-dire réservée aux invalides de guerre ou aux handicapés (c'est indiqué au-dessus).

• Vous avez trouvé une place assise :

Vous êtes confortablement assis(e) et toutes les places sont occupées. Entre une femme enceinte ou tenant un enfant dans ses bras ou encore une personne âgée. Ayez alors la courtoisie de vous lever et de proposer votre place :

« Vous voulez vous asseoir, madame ? »

« Je vous en prie, prenez ma place monsieur. »

…Apprenez à vos enfants à avoir aussi ce réflexe.

Conseils

À *« l'heure de pointe »* (l'heure à laquelle il y a le plus de voyageurs), si vous êtes assis(e) avec un très jeune enfant, prenez-le sur vos genoux pour qu'il n'occupe pas une place. De même, n'occupez pas un siège vide avec vos valises ou vos paquets… et ne mettez pas vos pieds sur la banquette !

Quand tout le monde est debout, levez-vous de votre strapontin – ce siège rabattable situé près des portes – pour faire de la place et ne pas gêner la sortie des autres voyageurs.

• Vous voulez sortir du wagon :

S'il y a beaucoup de monde, n'attendez pas la dernière minute pour vous diriger vers la porte. Avancez progressivement avant d'arriver à votre station et, si nécessaire, pour qu'on vous laisse le passage, dites simplement : *« Excusez-moi, je descends à la prochaine station. »* Si vous bousculez quelqu'un, excusez-vous par un simple *« Pardon ! »* ou *« Excusez-moi ! »*.

Une carte orange : si vous prenez régulièrement le métro, cette carte personnelle vous permet ensuite d'acheter un coupon hebdomadaire ou mensuel à tarif réduit.

Normalement vous ne devriez pas avoir de grandes difficultés à vous diriger dans le métro : vous avez des plans à chaque station, à l'extérieur comme à l'intérieur. De plus, dans le compartiment, il y a un plan de la ligne qui vous permet de suivre le trajet et de vous préparer à descendre à la bonne station.

Essayez de repérer, si vous prenez une ligne régulièrement, où se trouve la sortie ou la correspondance afin de vous placer soit « *en tête* », soit « *en queue* ».

2 *Vous prenez l'autobus*

OBSERVEZ

Si le métro est le moyen de transport le plus rapide pour circuler à Paris, l'autobus offre l'avantage appréciable de pouvoir admirer les différents quartiers et monuments de la capitale… surtout si c'est un autobus à plate-forme, c'est-à-dire dont l'arrière est ouvert, avec une simple chaîne en guise de porte.

Les passagers sont d'ailleurs plus détendus que dans le métro.

QUE FAIRE ? QUE DIRE ?

À l'arrêt d'autobus :

Tout d'abord assurez-vous que vous prenez la bonne ligne et dans le bon sens, en regardant le plan affiché à l'arrêt. Si vous avez des doutes, vous pouvez éventuellement demander à un autre passager ou au conducteur : « *C'est bien le bus qui va à…* [nom de la destination]… ? » ou « *Cet autobus s'arrête bien à… ?* ».

VOUS DESCENDEZ?

Dans l'autobus :

On observe les mêmes règles de politesse que dans le métro. Aux heures d'affluence, on s'avance le plus loin possible dans l'allée centrale pour permettre une bonne circulation des voyageurs et éviter de bloquer le passage à ceux qui veulent sortir.

Pour descendre : Vous devez appuyer sur le bouton pour signaler que l'autobus doit s'arrêter même s'il n'y a personne à l'arrêt… sinon il continue sa route !

3 *Vous prenez le train*

✔ SNCF = Société Nationale des Chemins de Fer Français.
  A.R. = Aller-Retour, sinon c'est un « *aller simple* ».

Un train est composé de « *voitures* » (wagons)
numérotées et les voitures sont elles-mêmes
divisées en « *compartiments* » (fumeurs
ou non fumeurs).
La nuit on peut prendre des « *couchettes* »
(6 banquettes superposées par compartiment)
ou des « *wagons-lits* » (2 ou 3 banquettes
plus confortables).

Pour le TGV (train à grande vitesse),
les réservations sont obligatoires au guichet
de la gare ou par minitel. Autrement, vous avez
le choix de réserver ou non. De toute façon,
au moment de prendre le train, vous devez
obligatoirement « *composter* » votre billet, c'est-à-dire
 le mettre dans une de ces curieuses petites machines
orange qui impriment la date pour le valider.

Que faire ? Que dire ?

• **Dans la gare :**

N'hésitez pas à vous renseigner très précisément auprès de
l'employé du guichet… même s'il n'est pas toujours très
coopératif : en France, il faut parfois poser beaucoup de
questions avant d'obtenir toute l'information qu'on recherche !

*Le train-train :
la routine.*

« *Je voudrais un aller-retour Paris-Marseille en seconde classe.* »

« *Quels sont les horaires de départ des trains pour Dijon ?* »

« *Sur quelle voie arrive le train en provenance de Strasbourg ?* »

« *C'est un train direct ou est-ce que je dois changer ?* »

• **Sur le quai :**

Cherchez le chef de gare ou le contrôleur, reconnaissable à son
uniforme et sa casquette, c'est lui qui vous renseignera… mieux
que la voix au haut-parleur qui est souvent incompréhensible,
même pour les Français.

✔ **Règles de « savoir-vivre »**

Toutes les règles élémentaires de politesse qu'on observe dans le métro
et l'autobus sont valables pour le train et se résument à un impératif :
respecter la tranquillité des autres passagers. Pendant un long trajet,
évitez de vous étaler dans tout le compartiment et ne faites pas profiter
à tout le monde des sons qui sortent de votre baladeur (walk-man)
ni des odeurs de saucisson ou de camembert de votre pique-nique !
Si les enfants sont agités, un petit tour dans les couloirs leur fera
le plus grand bien.

4 *Vous prenez un taxi*

OBSERVEZ

Les taxis à Paris ou en province n'ont pas de couleur
spécifique. On les reconnaît simplement par l'enseigne
lumineuse « *taxi* » placée sur leur toit. Elle est allumée s'ils sont
en service, éteinte s'ils ne travaillent pas. Au-dessus de ce signe
il y a une lumière jaune : elle est allumée si le taxi est occupé.

QUE FAIRE ? QUE DIRE ?

• La méthode la plus simple pour prendre un taxi est de se
rendre à la « *tête de taxis* » la plus proche et de prendre le premier
de la file puisque c'est celui qui a la priorité sur les autres.
Vous pouvez aussi téléphoner pour commander un taxi
qui viendra vous chercher à l'adresse que vous désirez. Enfin,
si vous voyez un taxi libre qui s'avance dans votre direction
vous pouvez le « *héler* », c'est-à-dire l'appeler en levant le bras…
mais peut-être ne s'arrêtera-t-il pas s'il est en route pour aller
chercher un autre client par exemple.

• Les chauffeurs de taxi n'aiment pas, ou même refusent
catégoriquement, qu'on s'asseye à l'avant (question de sécurité
et d'assurance). À l'arrière, peuvent s'asseoir 3 personnes
maximum et les chiens ne doivent pas se mettre sur la banquette
mais rester sagement aux pieds de leur maître.

• L'humeur des chauffeurs de taxis est variable : certains sont
bavards, d'autres taciturnes, certains sont aimables, d'autres
indifférents, mais vous pouvez toujours essayer d'engager
la conversation si vous le désirez et ils ne vous refuseront pas
de vous renseigner.

• On ne marchande pas avec les taxis : leurs tarifs sont réglementés. On peut toutefois se renseigner sur le coût approximatif du trajet avant de monter dans le taxi : « *Combien prenez-vous pour aller à...* », mais après il faut payer sans discuter en espèces.

Le pourboire n'est pas obligatoire, mais on « *arrondit* » souvent la somme. Vous pouvez demander un reçu/une fiche, si vous le désirez.

5 *Vous circulez en voiture*

Carte grise, carte verte, permis de conduire, récépissé de vignette, vous devez avoir toujours ces papiers sur vous car on vous les demande pour tout contrôle de police : « *Vos papiers s'il vous plaît !* »... et si vous ne les présentez pas vous payez une amende. Il est recommandé également d'avoir un « *constat amiable* » (fourni par votre assurance), pratique à utiliser en cas d'accident : c'est un document qu'on doit remplir sur les lieux mêmes de l'accident pour éviter toute contestation ultérieure.

N'oubliez pas vos papiers

• **La carte grise :** c'est la carte d'immatriculation de la voiture.

• **La carte verte :** c'est la carte d'assurance de la voiture.

• **Le permis de conduire,** en 3 volets.

• **Le récépissé de la vignette :** la vignette est l'autocollant que l'on place sur le pare-brise de la voiture pour montrer qu'on a bien payé la taxe annuelle sur les automobiles. Quand on l'achète, on garde la partie non autocollante avec les autres papiers.

Que faire ? Que dire ?

• Rappelez-vous d'abord qu'en France on conduit à droite !

• Ne vous laissez pas impressionner par l'agressivité des Français au volant qui s'exprime par des gestes ou des injures dont vous découvrirez vite la signification... et n'imitez pas leur impatience en klaxonnant bruyamment si la voiture devant vous ne démarre pas assez vite au feu vert au risque d'écraser des piétons. Soyez également vigilant car les piétons ne sont pas toujours très disciplinés et ont tendance à traverser n'importe où et n'importe quand !

• La première règle du savoir-vivre sur la route est simplement de connaître les règles du code de la route : la signification des panneaux et la priorité donnée aux véhicules qui viennent

de votre droite. Le fait d'être étranger ne vous donne pas
toutes les excuses ! et si un policier vous arrête, il est préférable
d'adopter un ton courtois, sans être pour autant obséquieux,
et de vous expliquer calmement car la police sait aussi se
montrer compréhensive si la faute n'est pas grave.

À VOUS !

1. Comment réagiriez-vous dans ces situations ?

– Vous êtes dans l'autobus et désirez sortir au prochain arrêt, mais
des personnes, debout, bloquent la sortie. Que faites-vous ? Que dites-
vous ?

....

– Sur le quai de la gare pour vous rendre à Bordeaux, vous avez soudain
des doutes : vous n'êtes pas sûr(e) d'être sur le bon quai. Que faites-
vous ? Que dites-vous ?

....

– Vous êtes dans la rue et vous cherchez un taxi. Vous voyez un taxi
qui arrive dans votre direction. Que faites-vous ? Que dites-vous ?

....

**2. Quels sont les documents qu'on vous demande de présenter
lors d'un contrôle de police ?**

....

DANS LES MAGASINS

1 À la boulangerie

Comment parler de la vie en France sans
évoquer le pain, aliment de base qui
accompagne chaque repas ? Qu'on songe
aussi à la caricature du Français, un béret
sur la tête et la fameuse baguette sous
le bras. Certes, les bérets ont disparu
(pas complètement) et la consommation
de pain a considérablement baissé ces
dernières décennies. Cependant les
Français restent attachés à leur pain
quotidien même si ce n'est pas toujours
la baguette.

Le pain accompagne chaque repas :
dès le petit déjeuner il apparaît sous
la forme de « *tartines* », tranches de pain
sur lesquelles on étale, selon son goût,
du beurre, de la confiture, du miel.
Au déjeuner et au dîner, on s'en sert
pour « *pousser* » discrètement les aliments
de la main gauche. Piqué au bout d'une
fourchette ce même petit morceau de pain
(ou un autre !) permet aussi de « *saucer* »,
c'est-à-dire d'absorber la sauce dans son
assiette pour y goûter… bien que cette
habitude largement pratiquée par les
Français soit réprouvée par beaucoup
de manuels de savoir-vivre ! Aucune
contestation par contre pour affirmer que
le pain accompagne toujours le fromage.

Histoires de pains

Le mot « *boulanger* » vient du terme
picard « *boulenc* » signifiant fabricant
de boules.

La « boule » campagnarde existe
toujours, mais au fil des siècles
d'autres formes sont apparues :
de la « *ficelle* » à la « *flûte* », en passant
par la célèbre « *baguette* », le pain s'est
allongé, affiné et a été baptisé de
noms évocateurs : le « *bâtard* » est-il,
comme on peut le supposer, l'enfant
naturel d'une baguette et d'un gros
pain et la « *couronne* » un lointain
souvenir de la royauté ?

La composition de la farine s'est
également diversifiée : à la traditionnelle farine de blé se sont ajoutées
des farines de froment, de seigle, de
son et d'autres céréales. Les Français,
normalement fidèles au pain blanc,
goûtent maintenant au pain complet.
Le pain noir, autrefois méprisé,
commence à être apprécié pour ses
vertus diététiques.

Enfin, les boulangers ont fait preuve
de créativité en ajoutant aux pains
noix, olives, poivrons, etc., chaque
région de France ayant ses spécialités
et ses appellations particulières,
pittoresques et chargées d'histoire.

Que faire ? Que dire ?

Quand vous ne connaissez pas le nom des pains, ne vous
contentez pas de pointer le doigt vers celui que vous désirez.
Apprenez leur nom, soit tout simplement en faisant l'effort
de le lire s'il est affiché, soit en écoutant les autres clients passer

leur commande. Vous découvrirez alors que les Français précisent souvent le degré de cuisson : « *Une baguette bien blanche* » ou « *pas trop cuite* », « *bien cuite* » ou même « *bien noire* ».

La longueur, l'épaisseur, la forme ont aussi leur importance : « *Une baguette bien levée* » (épaisse), « *bien longue* », « *bien pointue* », « *moulée* », etc. Bref, devenez un connaisseur et n'hésitez pas à essayer les différentes boulangeries de votre quartier : la qualité et le goût du pain peut varier considérablement d'une boulangerie à l'autre. À vous de trouver celle qui vous convient.

À VOUS !

Devinez le sens de ces expressions :

1. Bon comme du bon pain ....
2. Pour une bouchée de pain ....
3. Être au pain sec et à l'eau ....
4. Gagner son pain à la sueur de son front ....
5. Manger son pain blanc ....
6. Ça se vend comme des petits pains ....
7. Je ne mange pas de ce pain-là ....
8. Avoir du pain sur la planche ....

JE SENS QUE VOUS VOULEZ ME ROULER DANS LA FARINE !

Rouler dans la farine : expression familière qui signifie : tromper.

Solutions : 1. généreux, excellent. – **2.** pour presque rien. – **3.** être puni. – **4.** gagner sa vie en travaillant dur. – **5.** avoir des débuts heureux. – **6.** Ça se vend facilement. – **7.** je n'accepte pas ce procédé. – **8.** avoir beaucoup de travail.

2 À la crémerie

Observez

Grands amateurs et producteurs de fromages et grands consommateurs de yaourts, les Français « mangent » plus de lait qu'ils n'en boivent. Il existe plus de 400 variétés de fromages en France ! Le fromage au repas précède le dessert ou peut même le remplacer.
Quand on invite, on présente généralement un plateau de fromages avec minimum trois différents fromages pour que l'invité ait un choix (cf. p. 39).

Vous serez sans doute choqué(e) de voir les Français au supermarché, au rayon de la crémerie, ouvrir très naturellement les boîtes de camembert et appuyer légèrement avec le pouce sur les fromages – heureusement toujours protégés par leur emballage ! C'est la seule manière de choisir un fromage à pâte molle : en effet, si le fromage est trop dur, cela signifie qu'il n'a pas atteint son bon degré de maturation. Il va être « *plâtreux* ». S'il est trop mou, il va être « *trop fait* ». Il faut qu'il soit souple au toucher pour être « *à point* », « *à cœur* » et seule la pratique vous permettra d'apprendre à choisir un camembert, un brie ou un Munster.

▶ Initiation à la gastronomie :

Pour aller à la découverte de la gastronomie française, préférez le rayon de la crémerie à celui des fromages pré-emballés… ou, mieux encore, achetez votre fromage chez un crémier ou sur le marché. Là, vous pourrez dialoguer et apprendre l'origine de chaque fromage. S'il est fabriqué à partir de lait de vache, de chèvre ou de brebis, s'il est cru ou cuit, pasteurisé ou non, « *frais* », « *demi-sec* » ou « *sec* » – autant de facteurs qui donneront au fromage sa spécificité et son goût inimitable.
Commencez par les fromages « *doux* » pour progressivement vous aventurer dans les fromages plus « *forts* ».

▶ Acheter un fromage :

• Pour les fromages « *à la coupe* », c'est-à-dire
ceux que le crémier va couper pour vous,
on peut indiquer le nombre de grammes, mais
il est plus fréquent de dire :
« *Je voudrais un morceau de…* [nom du fromage] »
ou plus précisément, suivant la forme
du fromage :
« *Une portion de Saint-Nectaire s'il vous plaît.* »
« *Il me faut une tranche de roquefort.* »
« *Je vais prendre un demi vacherin.* »
ou encore « *Je voudrais du comté, de l'emmenthal,
de la tomme de Savoie* » (attention à mémoriser
si c'est un fromage masculin ou féminin !) sans
préciser la quantité.

• Le crémier placera automatiquement son
couteau pour couper le morceau en disant
« *Comme ça ?* ». Vous pouvez alors répondre,
suivant la quantité que vous désirez :
« *Oui, comme ça !* » ou « *Un peu plus* » ou
« *Un peu moins* »…

Les fromages en France

La France possède une variété incomparable de fromages : plus de 100 espèces et de 400 sortes différentes, aux formes les plus inattendues.
Certains, comme le roquefort et le camembert, ont une réputation mondiale.
On distingue les fromages frais (petit suisse, demi-sel), les fromages fondus, les fromages à pâte pressée (port-salut, gruyère) et les fromages affinés (camembert, roquefort, etc.).
Les fromages doivent être dégustés comme des vins, et toujours accompagnés de vins.

© *Guide France*, Hachette.

• Et inévitablement, comme dans tous
les magasins d'alimentation, le vendeur vous demandera
« *Et avec ceci ?* » ou « *Et avec cela ?* », à quoi vous répondrez
« *C'est tout !* » si vous ne voulez plus rien acheter ou « *Je vais
prendre aussi…* ».

Bons achats et bon appétit !

• **Autres produits laitiers**

C'est aussi à la crémerie que vous pouvez acheter du lait et
des œufs très frais, des yaourts, du « *beurre en motte* » (beurre
qu'on vous découpe avec le fameux fil à couper le beurre[1])
… et de la crème bien sûr !

---

1. Allusion à l'expression populaire « *Il/elle n'a pas inventé le fil à couper le beurre* »,
signifiant qu'il/elle n'est pas très intelligent(e).

3 *Dans une boutique de vêtements*

• L'attitude des vendeuses dans les magasins de vêtements est
très variable suivant le style ou le standing du magasin : parfois
on laisse le client choisir lui-même… et dans les grands magasins
il est même quelquefois difficile de trouver une vendeuse !
Par contre, dans une petite boutique, le personnel peut se
montrer trop empressé.

• Au moment des « *soldes* », quand les articles sont vendus
à prix réduits, les vendeuses s'effacent devant la foule avide
des clients qui fouillent sans hésiter, et sans respecter parfois
les règles élémentaires de politesse, pour trouver « les bonnes
affaires ». Beaucoup de magasins d'ailleurs exploitent cet attrait
pour les prix réduits en proposant tout le long de l'année
des « *promotions* », « *prix sacrifiés* » ou « *articles démarqués* »
ou « *dégriffés* » – la marque ou la « *griffe* » étant l'étiquette
de grands couturiers ou de stylistes connus. Gardez la tête
froide car il n'est généralement pas possible de rendre ou
d'échanger un article une fois qu'il est acheté en solde alors
qu'habituellement on peut le faire, dans des délais raisonnables,
en apportant le ticket de caisse.

• Sachez aussi qu'en France les prix sont « *nets* », c'est-à-dire
que la TVA (taxe sur la valeur ajoutée) est comprise. Vous
n'avez pas de taxe supplémentaire à payer.

Que faire ? Que dire ?

▶ *Vous entrez dans la boutique :*

La vendeuse vous demande :
« *Je peux vous aider ?* »

✔ Autres formules utilisées :
« *Qu'est-ce que je peux faire pour vous ?* »
« *Que puis-je pour votre service ?* »
« *Est-ce que vous voulez voir quelque chose ?* »
« *Vous cherchez quelque chose ?* »
« *Je peux vous conseiller ?* »
« *Vous voulez essayer quelque chose ?* »

Si vous désirez simplement regarder, dites-lui :
« *Je regarde (simplement).* »
« *Je jette juste un coup d'œil.* »

MON COSTUME, C'EST DU SOLIDE! ON M'A DIT QU'IL FERAIT 20ANS!

▶ *Vous avez une idée assez précise sur ce que vous cherchez :*

• Décrivez l'article :

« *Je voudrais voir le chemisier blanc que vous avez dans la vitrine.* »

« *Je cherche une robe habillée pour un cocktail.* »

« *Est-ce que vous auriez ce modèle dans une autre couleur ?* »

« *Vous n'auriez pas un pull comme celui-ci mais à manches courtes ?* »

« *Est-ce que vous avez ce modèle dans ma taille ?* »

• Dans tous ces cas, la vendeuse va vous répondre par une autre question essentielle à laquelle vous devez être préparé(e) :

« *Quelle taille faites-vous ?* »

« *Je fais du…* [numéro de la taille] ». Rappelez-vous que la taille varie selon les pays.

✔ Notez que dans un magasin de chaussures on vous dira : « *Quelle pointure faites-vous ?* »

▶ *Vous vous renseignez sur le prix :*

« *Combien coûte ce pull ?* »

« *Quel est le prix de la jupe droite dans la vitrine ?* »

▶ *Vous essayez le vêtement :*

Dans un grand magasin, demandez :

« *Où est la cabine / le salon d'essayage s'il vous plaît ?* » et n'emportez pas plus de trois ou quatre modèles. Dans une boutique, c'est la vendeuse qui vous propose d'essayer et vous apporte différents modèles ou différentes tailles.

Pouvez-vous marchander ?

Dans une boutique ou un magasin, non.

Si l'article a un défaut, c'est quelquefois possible.

Chez un brocanteur ou un antiquaire ? Certainement !

La phrase magique est : « *Vous me faites un prix ?* ». Bonne chance !

| Conseil

Même si c'est son travail de ranger les vêtements que vous avez essayés, par correction, ne lui rendez pas la tâche trop difficile en abandonnant tous les vêtements dans un désordre indescriptible !

• Vous aimez le modèle mais il est trop petit :

« *Ça me serre un peu.* »

« *Je voudrais essayer la taille au-dessus.* »

• ou trop grand :

« *Vous n'auriez pas la taille en-dessous ?* »

• La vendeuse peut aussi vous proposer de « *faire des retouches* » (en payant éventuellement un supplément) c'est-à-dire de faire des modifications : le « *raccourcir* » (= plus court), le « *rallonger* » (= plus long), ou l'« *élargir* » (= plus large) ou le « *rétrécir* » (= plus étroit).

• Vous ne voulez pas acheter le(s) modèle(s) que vous avez essayé(s) :
Vous pouvez dire :
« *Je vais réfléchir…* »
« *Je ne suis pas décidé(e)…* »
« *J'hésite encore… Je vais voir.* »
« *C'est très joli, mais je trouve que ça ne me va pas.* »
« *Ce n'est pas exactement ce que je cherchais.* »

Ou d'une manière plus catégorique :
« *Non, finalement, je ne le prends pas, merci.* »

• Vous avez choisi un article et vous voulez payer :
« *Je vous dois combien ?* »
« *Ça fait combien ?* »

• Si on vous demande : « *Vous réglez comment ?* », répondez : « *En espèces* » (= argent liquide) ou « *Par chèque* » ou « *Avec une carte de crédit* ».

Conseil

Si on vous dit : « *Ne remplissez pas le chèque* », donnez alors un chèque vierge et signez-le après avoir vérifié que la machine a bien inscrit la somme à payer.

4 *Dans une maison de la presse*

Observez

Dans une maison de la presse vous pouvez acheter des journaux et des magazines bien sûr, mais également des cartes postales, des articles de papeterie, des livres.
Les kiosques, eux, ne vendent que la presse écrite.

✔ Ces dernières années on a pu observer une baisse importante du nombre de lecteurs des quotidiens en France et, de ce fait, la disparition de nombreux journaux… et l'augmentation du prix de ceux-ci.

Pour « *être à la page* », c'est-à-dire pour être informés de l'actualité, les Français regardent plus la télévision qu'ils ne lisent les journaux. Nombreux sont ceux qui dînent en regardant le « *journal télévisé* ». En revanche, le nombre de magazines a proliféré : il existe un nombre incroyable de revues spécialisées qui peuvent aller des magazines pour les golfeurs à ceux destinés aux mélomanes.

Que faire ? Que dire ?

Pour acheter un journal ou un magazine, rien de plus facile.

• Vous allez à un kiosque ou dans une maison de la presse et demandez :

« *Je voudrais "Le Monde" s'il vous plaît.* »

« *Vous avez "Libération" ?* »

« *Est-ce que vous avez reçu "Fluide Glacial" de ce mois ?* »

« *Qu'est-ce que vous avez comme magazine(s) sur l'équitation ?* »

• Essayez de lire différents journaux et magazines pour découvrir par vous-même leur tendance politique et leur style particulier.

✔ Si vous vous abonnez à un journal, sachez que vous le recevrez, sauf dans certaines grandes villes, en même temps que le reste de votre courrier car il existe rarement de distribution spéciale, tôt le matin, comme cela se fait couramment dans d'autres pays.

Quelques termes à connaître

– Un quotidien paraît tous les jours.

– Un hebdomadaire, toutes les semaines.

– Un mensuel, tous les mois.

– Un bi-mensuel, deux fois par mois.

– Une revue annuelle paraît une fois par an.

… Et « *un canard* » est un terme argotique pour désigner un journal, d'où le titre du célèbre journal satirique *Le Canard enchaîné*.

À VOUS !

Où pouvez-vous commander ou acheter :

1. une noisette ?
2. un trombone ?
3. une flûte ?
4. une souris ?
5. une crème ?
6. un canard ?

Solutions : 1. La boisson ? dans un café. Le fruit sec ? dans une épicerie (mais au kilo !). – **2.** L'instrument de musique ? dans un magasin spécialisé. L'agrafe ? dans une papeterie (par boîte de 100 !). – **3.** L'instrument de musique ? dans un magasin spécialisé. Le pain ? à la boulangerie. – **4.** L'animal ? dans une animalerie. L'accessoire pour ordinateur ? dans un magasin spécialisé. – **5.** Pour soigner votre peau ? dans une pharmacie. En dessert ? chez le pâtissier. – **6.** L'animal ? chez le volailler ou dans une animalerie. Le journal ? dans un kiosque ou dans une maison de la presse… mais vous vous ferez un canard en trempant un sucre dans du café ou dans un alcool.

8

DANS LES LIEUX DE LOISIRS

1 *Au cinéma*

• Les Français aiment aller au cinéma qu'ils considèrent comme un art à part entière, « *le septième art* », même si la fréquentation des « *salles obscures* » a beaucoup baissé et qu'on parle régulièrement de la « *crise* » du cinéma français. Dans leurs conversations, ils discutent souvent des films qu'ils ont vus en citant même le nom des réalisateurs : « *C'est le dernier film de Lelouch, de Truffaut, etc.* ».

COUPEZ !

Aller au cinéma est un loisir culturel abordable pour tous, bien plus que le théâtre : les billets sont moins chers et on ne fait pas de réservation (à Paris cependant on peut réserver ses places dans certains cinémas). Ceux pour qui le cinéma est une passion font partie d'un ciné-club ou sont membres d'une cinémathèque : là, on repasse les grands classiques et des « films d'art et d'essai » moins connus du grand public.

• Les festivals de cinéma sont ainsi des événements importants : le plus célèbre, le festival de Cannes, a lieu en mai avec ses traditionnelles « *starlettes* » qui se font photographier sur la Croisette (longue avenue longeant la mer) dans l'espoir

d'être découvertes par un metteur en scène. Le jury, composé d'acteurs, de réalisateurs prestigieux et d'autres personnalités, décerne la « *palme d'or* » au meilleur film.
En juin a lieu la fête du cinéma : ce jour-là, on peut voir le maximum de films pour un prix minimum.

• La plupart des films étrangers projetés en France sont « doublés », c'est-à-dire que la voix des acteurs étrangers a été remplacée par des voix françaises. Les films non doublés sont les films en *v.o.*, c'est-à-dire en version originale.

• Attention ! L'heure de la séance n'est pas toujours l'heure du film car celui-ci est souvent précédé d'un documentaire, de publicités et de « *bandes-annonces* » (courts extraits des prochains films que la salle de cinéma va projeter).

Que faire ? Que dire ?

▶ ***Vous vous renseignez sur le programme des cinémas :***

Vous pouvez consulter le programme dans un journal ou acheter un magazine spécialisé (les plus connus à Paris étant *L'Officiel des spectacles* et *Pariscope*) ou tout simplement demander à vos amis :
« *Qu'est-ce qu'on donne au Gaumont ?* » « *Qu'est-ce qu'ils passent au Rex ?* » « *Qu'est-ce qu'il y a comme bons films à voir en ce moment ?* » « *Qu'est-ce qui est sorti comme bon film dernièrement ?* »

▶ ***Vous voulez connaître le nom des interprètes :***

« *Qui joue dans ce film ?* »
« *C'est un film avec qui ?* »
« *Qui interprète le rôle de… ?* »
« *Comment s'appelle l'acteur / l'actrice qui joue le rôle de… ?* »

▶ ***Vous voulez en savoir plus sur un film :***

« *C'est tiré de quel roman ?* »
« *C'est une histoire vraie ?* »
« *Où a été tourné le film ?* »

▶ ***Vous arrivez au cinéma :***

• Dans les cinémas qui ont plusieurs salles, lorsque vous prenez votre ticket, vous devez dire directement le nom du film que vous voulez voir : « *Un Grand Bleu* » ou « *Deux Reine Margot* ».

• On donne généralement un pourboire à l'ouvreuse,
la personne qui contrôle votre ticket et éventuellement vous
conduit dans la salle pour vous placer. Dans certaines salles, c'est
elle qui, au moment des publicités, avant le film, passe dans la
salle pour vendre des esquimaux (glaces en bâtonnets enrobées
de chocolat) ou d'autres friandises (bonbons). Faites-lui un signe
de la main si vous désirez en acheter. Dans beaucoup de cinémas
cette tradition disparaît : plus d'ouvreuse... ni d'esquimaux !

Conseil

Si vous arrivez en retard, demandez au guichet : « *Le film a déjà
commencé ? »*. Si on vous répond : « *Oui, depuis 5 minutes* », vous pouvez
toujours rentrer à condition de vous glisser tout doucement dans le
noir en dérangeant le moins possible les autres spectateurs. Bonne
séance !

2 *Au théâtre, à l'opéra ou au concert*

Observez

• Au théâtre et au concert le prix des places varie
considérablement : si vous avez pris un abonnement
à l'année ou pour plusieurs spectacles, vous êtes « *adhérent* »
et donc payez moins cher. Le prix des billets dépend des places
qui sont en général numérotées. Sachez qu'il existe aussi
des cafés-théâtres où, tout en prenant une consommation,
on assiste à un spectacle. En ce qui concerne les concerts,
ils n'ont pas seulement lieu dans des salles, mais aussi
dans les églises, ou même en plein air pendant l'été.

• L'été est d'ailleurs la saison privilégiée des festivals
de musique et de théâtre dans toute la France : en juillet,
le Festival d'Avignon (théâtre), le Festival d'Opéra d'Aix-en-
Provence, les Festivals de Jazz de Juan-les-Pins et de Nice,
 ceux de Paris en juin et novembre, pour ne citer que les
manifestations les plus célèbres... sans oublier la fête
de la musique le 21 juin. À cette occasion, dans toutes les villes,
des orchestres jouent dans la rue pour la plus grande joie
de tous. Autre tradition populaire : les cirques qui plantent leurs
« *chapiteaux* » (grandes tentes) de ville en ville pour présenter
leurs numéros de clowns, de dompteurs, d'acrobates, etc.

Que faire ? Que dire ?

▶ **Vous réservez votre place :**

Vous pouvez réserver votre place de théâtre, de concert ou d'opéra
par correspondance, par téléphone, par minitel ou en vous
rendant directement au bureau de location de la salle de spectacle
(attention à la date d'« *ouverture* » et de « *clôture* »). Plus vous
réservez tôt évidemment, plus vous avez de choix de places :
les meilleures se situent au « *parterre* » et à la « *corbeille* », les moins
chères tout en haut, au dernier balcon, qu'on appelle le « *paradis* »
ou, moins poétiquement, le « *poulailler* ». Il est important aussi de
savoir si votre place est située sur le côté ou face à la scène.

Pour vous renseigner sur les dates des différents spectacles,
vous pouvez dire :

« *Quand a lieu la représentation de "Carmen" ?* »
« *Quand donnez-vous "L'Avare" de Molière ?* »

Si on vous dit que « *Le théâtre fait relâche
le lundi* », cela signifie qu'il est fermé ce jour-là.

▶ **Vous invitez un(e) ami(e) à un spectacle :**

« *Tu viens avec moi voir une pièce de Pirandello
au théâtre de Chaillot ?* »
« *Tu veux aller écouter Stéphane Eicher ?* »
« *J'ai des billets pour aller au cirque, ça t'intéresse ?* »
« *Veux-tu assister au dernier spectacle de Robert Hossein ?* »

✔ Si vous vous vouvoyez, vous direz : « *Venez-vous… ?* »,
« *… ça vous intéresse ?* », « *Voulez-vous… ?* ».

▶ **Vous arrivez au théâtre :**

Autrefois, le plaisir d'aller au théâtre s'accompagnait du plaisir
de s'habiller d'une manière élégante : robes du soir et bijoux,
smokings et nœuds papillons. Aujourd'hui les tenues
vestimentaires sont plus simples, sauf pour la « *première* »
(première représentation) ou la « *générale* » (répétition générale),
ou lorsqu'il s'agit d'un spectacle exceptionnel (grand gala ou
grand interprète) : dans ce cas une tenue de soirée est toujours
de rigueur.

Au théâtre, contrairement au cinéma, on ne donne pas
de pourboire à l'ouvreuse dans les théâtres nationaux, mais
l'usage est de le faire dans les théâtres privés… et on ne mange
pas d'esquimaux ! On peut laisser son manteau ou un objet
encombrant au vestiaire, normalement gratuit. Une sonnerie
retentit quand le spectacle va commencer ou recommencer,
car généralement au milieu du spectacle, on fait une pause :
c'est le moment de « *l'entracte* ». On peut alors, si on le désire,
se rendre dans le foyer du théâtre pour y boire un verre. Entre
les scènes et à la fin du spectacle on applaudit mais on ne siffle pas.

À la fin, si le spectacle est excellent, les spectateurs applaudissent
pour rappeler les comédiens sur la scène : il arrive qu'il y ait 3,
4, 5 « *rappels* » ou plus… Au concert, l'interprète finit souvent par
céder à l'insistance du public en rejouant un court extrait de son
répertoire : c'est un « *bis* », mais évidemment pour une pièce
de théâtre, les acteurs se contentent de revenir sur scène plusieurs
fois pour saluer le public qui les ovationne.

▶ *Vous arrivez en retard :*

Au théâtre, comme au concert ou au ballet, on peut vous refuser
l'entrée si vous arrivez en retard ou, en tout cas, vous demander
d'attendre la fin d'une scène ou d'un morceau. Mais si vous allez
au théâtre à Paris, vous pouvez vous permettre quelques minutes
de retard, les pièces commençant systématiquement avec un quart
d'heure de retard. C'est ce qu'on appelle « *le quart d'heure parisien* ».

À VOUS !

1. Où et à qui donnez-vous un pourboire ?

1. Chez le coiffeur ?
2. Au théâtre ?
3. Dans un café ?
4. Dans une station-service ?
5. Dans un garage ?
6. Dans un hôtel ?
7. Dans un taxi ?
8. Dans un restaurant ?

2. Quand et à qui donnez-vous des « étrennes » ?

9

FÊTES ET COUTUMES

1 *Les anniversaires*

- **Anniversaire de la naissance**

Comme dans de nombreux pays, à cette occasion, on prépare un
gâteau sur lequel on place un nombre de bougies correspondant
à l'âge de la personne dont on fête l'anniversaire, pour qu'elle
les souffle. On chante « *Joyeux anniversaire !* ». Chacun ensuite
lui offre des cadeaux. Si vous ne pouvez pas assister à un
anniversaire, envoyez une carte ou téléphonez.

- **Anniversaire de mariage**

L'anniversaire de mariage se fête encore beaucoup en famille :
noces d'argent (25 ans), de perle (30 ans), de rubis (35 ans),
d'émeraude (40 ans), de vermeil (45 ans), d'or (50 ans),
de diamant (60 ans)… et on peut continuer…

▶ *Fêtons les saints du calendrier*

- En France, jusqu'à une date récente, pratiquement tout
le monde portait le nom d'un(e) saint(e) chrétien(ne). Le jour
de la fête de votre saint(e) patron(ne), inscrit sur le calendrier,
on vous souhaitait votre fête en vous offrant des cadeaux.
Actuellement, cette tradition disparaît : en effet, l'état civil
accepte maintenant d'autres prénoms que ceux du calendrier.
Ainsi beaucoup de personnes n'ont plus leur prénom dans
le calendrier et par conséquent plus de fête ! Quant aux autres,
on se contente de leur dire « *Bonne fête !* » tout simplement
et/ou de leur envoyer une carte, si on y pense !

- Certaines villes ou certains villages célèbrent aussi la fête
de leur saint(e) patron(ne) en organisant des processions
religieuses, des bals, des concours, des kermesses ou des
banquets : ce sont les « **fêtes votives** ».

✔ Ces fêtes sont souvent des traditions très anciennes comme celle de
Saint Vidian à Martres-Tolosane, en Haute-Garonne, qui remonte au
XIIIᵉ siècle et qui donne lieu à une reconstitution historique haute en
couleur : on promène les reliques de ce saint qui mourut au VIIᵉ siècle
dans le village qu'il défendait contre les Sarrasins.

D'autres saints plus connus sont aussi honorés : c'est le cas de Saint Éloi, fêté à différents moments de l'année, patron de plusieurs corps de métier (agriculteurs, orfèvres, maréchaux-ferrants, etc.).

Les Saintes-Maries-de-la-Mer est le haut lieu de pélerinage des gitans qui se rassemblent le 24 mai pour fêter leur sainte patronne, Sara, dans la joie et la ferveur religieuse.

Enfin, si vous voulez voir de vraies Bretonnes avec leurs coiffes et leurs costumes traditionnels, passez le dernier dimanche d'août à Sainte-Anne-la-Palud. Vous assisterez au « Pardon » (cérémonie religieuse typiquement bretonne) qui passe pour être le plus ancien de la Bretagne et, au gré de vos voyages, découvrez les innombrables fêtes des villes et des villages de France.

CHAQUE FOIS QUE JE FAIS UNE BÊTISE, C'EST MA FÊTE !

C'est ma fête : par antiphrase, cette expression populaire signifie : je suis puni.

• La Saint-Jean *(24 juin)*

Ses célèbres feux de bois qu'on allume marquent le début de l'été. Autrefois on sautait au-dessus du feu et on dansait autour. Aujourd'hui on se contente souvent de le contempler ou d'inviter ses amis à dîner.

• La Saint-Valentin *(14 février)*

C'est la tradition anglo-saxonne qui a introduit en France la fête des amoureux... pour le plus grand bonheur des fleuristes et des bijoutiers !

Par ailleurs, les jeunes filles qui n'ont pas trouvé de mari à 25 ans peuvent fêter la **Sainte-Catherine**, le 25 novembre... mais il y a maintenant tant de jeunes filles dans ce cas et l'attitude de la société à l'égard du mariage a tellement changé que cette fête a été un peu abandonnée et ne reste vivante que dans le monde de la couture : les « *Catherinettes* » se rendent au bal, coiffées des chapeaux extraordinaires qu'elles ont confectionnés elles-mêmes.

▶ *La fête des mères, une fête familiale, le dernier dimanche de mai*

C'est certainement la fête familiale la plus respectée. À l'école primaire les enfants préparent des petits cadeaux « *faits maison* » !

La **fête des pères** a lieu un mois plus tard pour ne pas faire de jaloux ! Et il existe aussi maintenant la **fête des grands-mères**... à quand celle des grands-pères ?

2 *Les fêtes religieuses*

Les jours de fêtes religieuses ou civiles sont généralement des jours de congé.

▶ *Noël*

De nombreuses fêtes en France sont à l'origine des cérémonies de la religion catholique, la plus importante étant Noël. Pour célébrer l'anniversaire de la naissance du Christ, on représente la scène avec l'étable ou la grotte, la Vierge, Saint Joseph et l'Enfant Jésus, l'âne et le bœuf : c'est la « *crèche* ».

RIEN QU'À PENSER À CE QU'ILS VONT MANGER, J'AI UNE CRISE DE FOIE !

En Provence, les santons, petits personnage en terre peinte représentent tout le petit peuple accouru pour assister à l'événement.

On voit ces crèches dans les églises mais aussi dans les maisons : elles font partie des décorations comme le sapin et ses guirlandes. Dans les églises, la nuit de Noël, on peut parfois assister à des « *crèches vivantes* », dans lesquelles des paroissiens tiennent le rôle des personnages de la nativité.

• Qu'on soit croyant ou non, traditionnellement, le 24 décembre au soir, on prépare un repas spécial avec, selon son goût et ses moyens : foie gras, saumon fumé, caviar, huîtres ou dinde farcie aux marrons, accompagnés bien sûr de bon vin et de champagne. Au dessert, on coupe la « *bûche de Noël* », gâteau roulé dont la forme allongée évoque un morceau de bois, une « *bûche* ». Dans le sud de la France, en Provence, on préfère « *les 13 desserts* » (fruits secs et autres friandises).

Le « *réveillon* » commence après « *la messe de minuit* » pour les catholiques, avant pour les autres. Les très jeunes enfants, eux, sont allés se coucher

Saint Nicolas

Le 6 décembre, comme en Suisse et aux Pays-Bas, c'est Saint Nicolas qui apporte des cadeaux aux enfants dans le nord et l'est de la France. Il est suivi du « *Père Fouettard* » qui, lui, distribue des « *martinets* » (fouets à lanières de cuir) aux enfants qui n'ont pas été sages !

car ils ne doivent pas voir « *le Père Noël* » qui passe pendant la nuit déposer les jouets qu'ils découvriront à côté de leurs chaussures, au pied du sapin de Noël décoré de guirlandes.

Ainsi, le matin du 25 décembre, tous les enfants découvrent leurs nouveaux jouets et la famille se réunit encore autour d'un repas pour prolonger la fête familiale.

▶ *L'Épiphanie, ou « fête des Rois »* (6 janvier)

Ce n'est pas un jour férié mais une fête d'origine religieuse. Elle commémore la visite des « *Rois mages* » venus offrir leurs présents, l'or, la myrrhe et l'encens, à l'Enfant Jésus.

À cette occasion on mange un gâteau dans lequel a été caché un petit objet en céramique (ou en plastique) qu'on appelle « *la fève* ». Celui qui trouve cette fève en mangeant sa part est couronné roi : il se coiffe d'une couronne en papier doré et, s'il le désire, choisit une reine (ou vice versa)… Tout le monde boit le champagne en disant « *Vive le roi ! Vive la reine !* ».

Dans un pays qui a aboli la royauté d'une manière assez brutale, il est amusant de voir que cette coutume est toujours pratiquée, non seulement à la maison, mais aussi au bureau, chez les amis… et même à l'Élysée, chez le président de la République ! En fait c'est tout au long du mois de janvier qu'on peut acheter dans les boulangeries ces galettes des rois. La recette et la présentation varie du nord au Midi, les motifs des fèves sont très variés (il existe des collectionneurs de fèves !) mais toutes sont vendues avec l'indispensable couronne.

▶ *La Chandeleur ou « fête des chandelles »* (2 février)

C'est aussi une fête religieuse bien que peu de Français soient capables d'en expliquer l'origine (présentation de Jésus au Temple). En revanche tout le monde sait que le 2 février on fait des crêpes… et pour être riche toute l'année il faut les faire sauter, la poêle dans une main, une pièce de monnaie dans l'autre !

Cette fête marque aussi le début du Carnaval, période de divertissements, de déguisements et de bals costumés qui finit avec le **Mardi Gras**. En France, il existe de nombreux carnavals ; le plus célèbre est celui de Nice, avec ses chars fleuris et ses personnages grotesques affublés de grosses têtes en papier mâché – spectacle plus touristique que spontané car il y a plus de spectateurs que d'acteurs alors qu'à l'origine le carnaval était une fête pendant laquelle le peuple se livrait à tous les excès avant d'affronter le Carême, période d'abstinence et de pénitence couvrant les 46 jours avant Pâques.

▶ *Pâques*

La grande fête chrétienne de la résurrection du Christ coïncide avec le renouveau du printemps. La légende veut que les cloches s'envolent de Rome et, survolant le ciel de France, laissent tomber des œufs en chocolat que les enfants découvrent dans les jardins… (ou dans leur assiette !).

Cloche : bête, stupide.

Les confiseurs maintenant proposent d'autres personnages en chocolat : poules, lapins, cloches et poissons font aussi partie du folklore de Pâques et si on veut faire un repas de Pâques traditionnel, on se doit de préparer un gigot d'agneau.

▶ *L'Ascension (sixième jeudi après Pâques) et la Pentecôte (huitième lundi après Pâques)*

Peu après Pâques, ces deux jours sont également des fêtes religieuses : l'Ascension commémore l'élévation du Christ dans le ciel après sa résurrection, et la Pentecôte la descente du Saint Esprit sur les apôtres. Les catholiques vont à la messe… et tout le monde apprécie ces journées de repos !

▶ *Le 15 août*

C'est la fête de la Vierge Marie pour les catholiques : des messes et parfois des processions célèbrent la mémoire de la mère du Christ. Pour beaucoup c'est la fin des vacances, pour d'autres, moins nombreux, le début. Que de circulation sur les routes de France !

▶ *La Toussaint (1er novembre)*

C'est la fête de tous les saints. Elle précède la célébration,
le lendemain 2 novembre, de tous les défunts. Ce jour-là,
les familles se rendent au cimetière pour se recueillir sur leurs
tombes et les fleurir.

3 *Les fêtes civiles*

▶ *Le Nouvel An (1er janvier)*

On fête la nouvelle année. À 0 heure une, tout le monde
s'embrasse en se souhaitant « *Bonne année !* ». Dans les rues,
les automobilistes klaxonnent bruyamment pour fêter la
nouvelle année. Ce jour est chômé, c'est-à-dire qu'on ne
travaille pas.
Les grands-parents offrent des « *étrennes* » à leurs petits-enfants
sous la forme d'une petite somme d'argent.

✔ C'est aussi la tradition d'offrir une somme d'argent à sa concierge,
gardienne de l'immeuble où l'on habite, ou à son facteur, ou encore aux
postiers et aux pompiers qui viennent présenter leurs vœux en vendant
de porte à porte leur calendrier traditionnel.

▶ *Le 14 juillet*

Commémorant la Révolution française et plus précisément
la prise de la Bastille en 1789, c'est la fête nationale. On va
admirer les feux d'artifice et on danse sur les places des villes
et des villages, sous les lampions.

▶ *Le 11 novembre et le 8 mai*

L'anniversaire de la fin des deux guerres mondiales,
le 11 novembre pour la guerre de 14-18, le 8 mai pour la
Seconde Guerre mondiale, est l'occasion de se souvenir des
soldats « *morts pour la patrie* ». Les anciens combattants vont
déposer une gerbe de fleurs au pied des monuments aux morts.
À Paris, le président de la République va rallumer la flamme
de la tombe du soldat inconnu sous l'Arc de Triomphe.

▶ **Le 1er avril**

C'est le jour des farceurs : on peut ce jour-là raconter des histoires fausses à ses amis pour plaisanter. Les enfants s'amusent à accrocher dans le dos des adultes des « *poissons d'avril* », poissons découpés dans du papier. Ce jour n'est pas chômé.

▶ **Le 1er mai**

C'est la fête du travail avec ses traditionnels défilés syndicaux. On a coutume d'offrir un brin de muguet (fleur blanche aux clochettes parfumées) comme porte-bonheur aux personnes qu'on aime. Pas question de travailler ce jour-là !

À VOUS !

Associez les mots suivants aux fêtes qu'ils évoquent :

1. les santons
2. le muguet
3. les crêpes
4. les feux d'artifice
5. les œufs en chocolat
6. les chrysanthèmes
7. la fève
8. les étrennes

a. le 1er mai
b. le 2 novembre
c. Pâques
d. Noël
e. le 1er janvier
f. le 14 juillet
g. la Chandeleur
h. l'Épiphanie

Solutions : 1/d – 2/a – 3/g – 4/f – 5/c – 6/b – 7/h – 8/e.

SUPERSTITIONS

Parmi toutes ces actions, devinez celles qui, pour les Français, portent bonheur et celles qui portent malheur en écrivant un « B » pour bonheur et un « M » pour malheur.

Offrir des couteaux ou des aiguilles

Renverser du sel sur la table

Être 13 personnes à table

Marcher dans une crotte (du pied gauche)

Casser du verre blanc

Trouver un trèfle à quatre feuilles

Voir une coccinelle s'envoler

Voir un arc-en-ciel

Toucher le pompon rouge du béret d'un marin

Passer sous une échelle

Croiser un chat noir la nuit

Mettre un fer à cheval au-dessus de sa porte

Mettre le pain à l'envers

Casser un miroir

Ouvrir un parapluie à l'intérieur d'une maison

Et dans votre pays avez-vous d'autres superstitions ? Lesquelles ?

....

Toucher le pompon rouge du béret d'un marin – Voir un arc-en-ciel

Actions qui portent bonheur :
– Trouver un trèfle à quatre feuilles – Marcher dans une crotte (du pied gauche) – Mettre un fer à cheval au-dessus de sa porte – Casser du verre blanc – Voir une coccinelle s'envoler (annonce le beau temps) –

Actions qui portent malheur :
– Mettre le pain à l'envers – Ouvrir un parapluie à l'intérieur d'une maison – Casser un miroir (7 ans de malheur !) –Passer sous une échelle – Être 13 personnes à table – Offrir des couteaux ou des aiguilles (on peut éviter l'effet néfaste en offrant en même temps une pièce de monnaie) – Croiser un chat noir la nuit – Renverser du sel sur la table (pour conjurer le mauvais sort, prendre une pincée de sel et la jeter par dessus l'épaule gauche)

Achevé d'imprimer en Italie par Rotolito Lombarda
Dépôt légal - 6009-06/96
Collection n° 06 Edition n° 01
15/5074/8